现代有轨电车施工实用技术指导丛书

现代有轨电车轨道工程施工技术

主 编 ◎ 龚云雷 张 轮

西南交通大学出版社
·成都·

图书在版编目（ＣＩＰ）数据

现代有轨电车轨道工程施工技术 / 龚云雷，张轮主编 . 一成都：西南交通大学出版社，2018.3
（现代有轨电车施工实用技术指导丛书）
ISBN 978-7-5643-6072-6

Ⅰ. ①现… Ⅱ. ①龚… ②张… Ⅲ. ①有轨电车 – 电气化铁道 – 铁路工程 – 工程施工 Ⅳ. ①U227

中国版本图书馆 CIP 数据核字（2018）第 030146 号

现代有轨电车施工实用技术指导丛书

现代有轨电车轨道工程施工技术

主编　　龚云雷　张　轮

责 任 编 辑	姜锡伟
封 面 设 计	何东琳设计工作室

西南交通大学出版社

出 版 发 行	（四川省成都市二环路北一段 111 号 西南交通大学创新大厦 21 楼）
发行部电话	028-87600564　028-87600533
邮 政 编 码	610031
网　　　址	http://www.xnjdcbs.com
印　　　刷	成都勤德印务有限公司
成 品 尺 寸	165 mm×230 mm
印　　　张	11
字　　　数	153 千
版　　　次	2018 年 3 月第 1 版
印　　　次	2018 年 3 月第 1 次
书　　　号	ISBN 978-7-5643-6072-6
定　　　价	48.00 元

本书编审人员

主　　编　龚云雷　张　轮

副主编　王根宝　赖应良

参　　编　陈文山　刘国强　王　庆　罗　保　李曙斌

　　　　　刘　平　张宗兵　许艳梅　王　建　朱红喜

　　　　　刘国盟　陈胜委　周吉荣　晋崇奇　聂　玮

　　　　　王敏哲　丁建楠　程雪松　马　虎　马雪峰

　　　　　高　斌　赵　林　方　华　毕如静　张　蕾

　　　　　陈玲花　蒋家宁

主　　审　沈家文　谢洪涛

序

随着城市的扩张和城市化进程的加快，各城市"出行难"的社会问题日益突出。经过多年的实践，城市轨道交通已被我国公认为解决城市"出行难"问题的最佳方案，同时，在拓展城市布局，引导城市内外平衡发展，提高城市整体发展水平等方面具有显著效益。

截至 2016 年年底，我国已有 30 座城市开通了城市轨道交通。城市轨道交通主要包括地铁、轻轨、有轨电车、磁浮列车等。目前，全国多数大、中型城市都在进行地铁建设，但地铁具有大运量、大拆迁、高造价、高运营成本、高补贴和高难度的特点，对于多数城市而言，受城市人口数量、社会经济发展水平等因素的制约，并不一定适用，需要量力而行。2013 年 8 月 15 日，沈阳浑南新区现代有轨电车的开通，为中小城市的城市轨道交通发展带来了福音。现代有轨电车具备运量适中、工程简单、投资较低、敷设方式灵活、运营灵活等特点，成了中小城市建设城市轨道交通的首选。目前，我国已开通现代有轨电车的城市包括沈阳浑南、苏州高新区、上海张江、南京河西、江苏淮安、广州海珠线、台湾高雄等。

2015 年 8 月开工的云南省红河州滇南中心城市群现代有轨电车示范线项目是云南省首条有轨电车项目，也是国家发展和改革委员会 PPP 项目库中的第一个有轨电车项目。然而，现代有轨电车作为一种新型的轨道交通，截至目前，尚无相关的国家标准或规范，相关的专业书籍也很少。因此，为了总结滇南中心城市群现代有轨电车示范线项目的实践经验，为有轨电车施工、验收统一标准提供参考，在云南省建设投资控股集团有限公司指导下，由集团市政总承包部承担了关于"现代有轨电车施工适用技术指导丛书"的编写任务，力求做到以先进技术标准为依据，以作业规范为重点，以管理制度为保证，按照有轨电车的建设阶段、施工工序的特点，全面总结和系统提升现场积累的工程施工技术管理成果，逐步形成一整套具有较高操作性与实用性的现代有轨电车施工适用技术系列指导丛书，以期对同类建设项目施工起到指导和借鉴作用。

随着有轨电车施工技术的不断更新，本系列指导丛书也需要不断补充、完善，期待广大同行和读者多提宝贵意见，希望本丛书真正成为"有轨电车人"的"良师益友"。

沈家文

2018 年 1 月

前　言

本书作为"现代有轨电车施工实用技术指导丛书"的第二册，仍以云南省红河州滇南中心城市群现代有轨电车示范线项目为依托，针对有轨电车轨道施工进行了研究总结。

该项目有轨电车轨道采用槽型轨无缝线路的轨道形式，由于施工地点多位于闹市区，且线路较短，因此多采用人工铺轨的方法进行铺设。有轨电车轨道虽与铁路轨道相似，但也有其鲜明的特点，如：正线道床大部分采用现浇钢筋混凝土结构，采用小号码槽型轨道岔(6#)，某些路段有半径小至数十米的曲线。因此，有轨电车轨道施工具有施工干扰大、交通风险大、环保要求高等特点。此外，在施工方法、劳动组织、施工设备、质量安全保障措施等方面与传统的铁路施工也有明显的差异。云南省建设投资控股集团有限公司市政总承包部根据这些特点，结合所承建的滇南中心城市群现代有轨电车示范线项目积累的施工经验，对本项目的轨道施工部分从施工方法、施工流程、劳动组织、施工设备、质量安全保障措施等多个方面进行了详细总结。

本书第 1 章为项目背景；第 2 章介绍了整体道床施工技术；第 3 章介绍了槽型轨小半径曲线施工技术；第 4 章介绍了槽型轨无砟道岔调整技术；第 5 章介绍了单开道岔整体道床施工技术；第 6 章介绍了槽型钢轨焊接施工技术；第 7 章介绍了无缝线路应力放散与锁定施工技术；第 8 章介绍了现代有轨电车槽型轨嵌入式轨道系统；第 9 章为道砟道床施工技术。本书内容基本涵盖了现代有轨电车轨道施工的全过程，希望对今后的有轨电车项目轨道施工起到指导和借鉴作用。

本书在编写过程中得到了云南建投安装股份有限公司、云南建投第二安装工程公司、云南建投第二建设有限公司等参建单位广大现场技术人员的大力支持，特此表示衷心感谢！

本书编委会

2018 年 1 月

目　录

第1章 有轨电车项目轨道工程施工综述

1.1 有轨电车项目工程概况

本书是《现代有轨电车施工实用技术指导丛书》第二册,系以云南省红河州滇南中心城市群现代有轨电车示范线项目为依托,针对其轨道工程施工进行了研究总结。

滇南中心城市轨道交通线网规划如图 1-1 所示。本节首先以 M1 线为例,对有轨电车项目的工程概况进行综述。

1.1.1 线路特征

M1 线全长 24.555 km,其中主线 22.695 km,支线 1.860 km,主线起于蒙自北站附近沿天马路至市政府后折向上海路,线路行至红河大道交叉处折向东南,此后线路沿红河大道行进至米线小镇终点站。支线从机场路站出岔后沿规划机场路引入红河蒙自机场。

1.1.2 车站工程概况

M1 线共设车站 26 座,平均站间距 0.944 km,最大站间距 1.747 km(长桥海西—十里铺站),最小站间距 0.410 km。如图 1-2 所示。

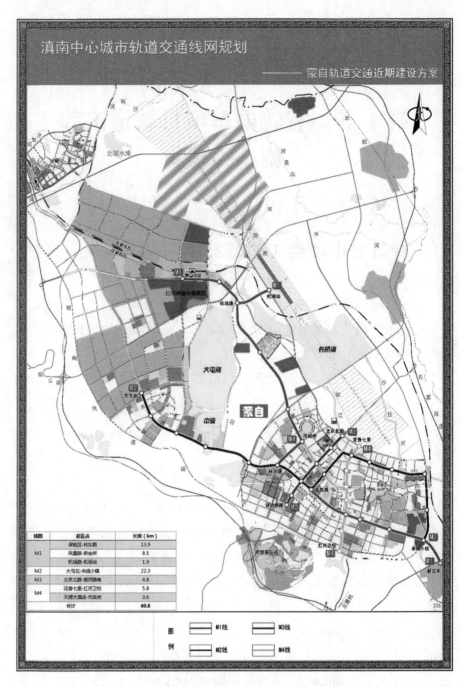

线路	起讫点	长度（km）
M1	保税区-林东路	13.9
	凤凰路-新安所	8.5
	机场路-机场站	1.9
M2	大屯北-米线小镇	22.3
M3	北京北路-银河路南	4.8
M4	花香七里-红河卫校	5.8
	天源大酒店-市政府	3.6
合计		**60.8**

图例　▭ M1线　▭ M3线
　　　▭ M2线　▭ M4线

图 1-1　滇南中心城市轨道交通线网规划图

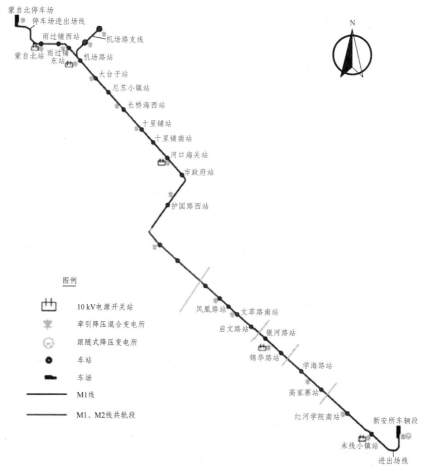

图 1-2　M1 线线路及车站平面布置图

1.1.3　路基土建工程简介

路基结构自上而下依次为：0.2 m 厚 C25 素混凝土底座→0.4 m 基床表层（级配稳定碎石）→路基基础处理。如图 1-3 所示。

1.1.4　轨道工程简介

1. 轨道技术参数

轨距：采用 1435 mm 标准轨距。

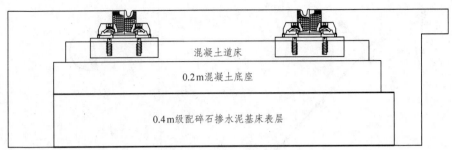

以下视具体地质条件采用加固措施

图 1-3　路基结构断面图

2. 轨道结构

（1）钢轨。正线、辅助线、出入段线及试车线采用 60R2 槽型轨，以地面敷设为主。

（2）扣件与轨枕。全线采用 DC-1 扣件和短轨枕。扣件及短轨枕采用厂家定制，以保证质量。

（3）道岔。正线及试车线采用槽型轨 6 号系列道岔，车场线采用 50 kg/m 钢轨 3 号道岔。

（4）道床。正线采用 C35 混凝土整体道床，车场线采用碎石道床。

（5）线路设计。正线地段铺设无缝线路，最小曲线半径 400 m，辅助线一般地段最小曲线半径 50 m（困难地段 25 m），车场线一般地段最小曲线半径 25 m（困难地段 20 m）。

1.2　轨道工程设计概况

1.2.1　钢轨

本工程有轨电车轨道铺设无缝线路，采用定尺长 25 m 的 U75V 无螺栓孔 60R2 槽型轨，车辆段与停车场线路采用 50 kg/m 工字轨。

1.2.2　钢轨接头

本工程钢轨接头形式采用相对式接头，连接方式主要有焊接式、夹板式及胶接式。焊接方式主要为闪光焊，铝热焊主要适于在道岔区等和闪光焊机无法操作的地段及少量返工重焊的部位，胶接式主要用于绝缘接头。焊接质量应通过超声波探伤仪进行钢轨探伤，其质量应满足《钢轨焊接》（TB/T 1632—2014）的相关要求。

1.2.3　钢轨绝缘

本工程钢轨轨腰和轨底应避开扣件安装槽型轨橡胶隔离系统，轨底隔离系统与道床面之间粘贴泡沫板。槽型轨橡胶隔离系统顶面应用密封胶作密封处理。安装时须用胶黏剂将其与钢轨黏结牢固，并预留扣件安装控件。待钢轨包裹材料安装完毕，且胶黏剂和轨顶密封胶达到固化要求后，方可铺设道床面以上路面结构。

1.2.4　扣件与轨枕

本工程正线槽型轨整体道床地段采用 DC-1 扣件及短轨枕。

短轨枕为有挡肩、长 582 mm、强度等级为 C50 的预制钢筋混凝土结构，横断面下部为楔形，下部伸出钢筋钩以加强与道床混凝土的连接。

1.2.5　道岔

本工程道岔采用槽型轨 6 号系列道岔，包含单开道岔、对称道岔、三开道岔、交叉渡线、曲线道岔及菱形交叉。

1.2.6　道床

1. 正线地面线混行地段整体道床

整体道床宽 2.4 m，采用 C35 钢筋混凝土结构，道床内布设双层钢筋，纵向钢筋兼作杂散电流的排流筋；每隔 12.15 m 设置伸缩缝一处，缝宽 20 mm，采用闭孔聚乙烯塑料泡沫板填缝，并用聚氨酯密封胶封面，在施工缝左右两侧的下层纵向钢筋应用连接端子连接，以作排流条。

2. 地面线高覆盖绿色整体道床

整体道床分块布置，道床内布设双层钢筋，纵向钢筋兼作杂散电流的排流筋；每隔 12.15 m 设置伸缩缝一处，缝宽 20 mm，采用闭孔聚乙烯塑料泡沫板填缝，并用聚氨酯密封胶封面，在施工缝左右两侧的下层纵向钢筋应用连接端子连接，以作排流条。

3. 车辆段正线地面线整体道床

这种道床道砟采用一级砟。

1.3　轨道工程主要施工技术方案

轨道工程施工范围主要包括钢轨、扣件、轨枕、道岔、道床的安装。

1.3.1　铺轨基标测量方案

铺轨基标是高标准混凝土整体道床、轨道铺设的控制点，精确地测设铺轨基标是保证轨道施工质量及后期运营的关键。由于轨道施工测量工作繁重，精度要求高，我项目部将安排精通测量业务、工作经验丰富的技术人员和测工组成测量队，配备先进的、精密的测量仪器，保证测量精度，以正确的测量资料指导施工。在轨道施工前，依据《城市轨道交通工程测量规范》（GB 50308—2008），以业主提供的控制网为依据，利用工程施工控制中线点组成附合导线，进行线路附合导线测量，确认无误后，进行轨道控制及加密基标的测设工作。

仪器设备准备工作包括确认仪器设备在有效鉴定周期内及对仪器及其附件进行常规性检查。

1. 测量资料的收集

认真做好资料的收集工作，以便为基标测设提供全面的数据支持。应收集的资料详见表 1-1。

表 1-1　应收集的测量资料表

序号	设 计 资 料
1	线路平纵断面设计图、线路铺轨综合图、道岔设计图
2	线路总平面图
3	相关轨道铺设工艺图
4	其他与轨道测量有关的设计资料（线路中线坐标、曲线要素、坡度、竖曲线、断链等）资料
	测 绘 资 料
1	控制（沿线控制点、车站控制点、高程控制点等）资料
2	施工导线及线路检测资料
3	与其他标段线路衔接部分控制资料
4	其他铺轨测量有关的测量资料

2. 平面控制点交接复测

铺轨基标的测设依据为设计单位提供的施工控制点。轨道工程开始施工前，在驻地监理工程师的主持下由施工单位代表、业主代表及第三方测量单位代表四方进行交接桩，各方人员持交桩表逐桩核对、交接确认。现场控制点移交时应注意点位标识是否清晰、点位是否牢固，并应与移交资料相符。现场点位不清晰、不牢固或与资料不符时应在移交纪要上注明；遗失的桩位坚持补桩，无桩名视为废桩；资料与现场不符的应予以更正。

复测时以蒙自市有轨电车精密导线控制导线点为起算依据，与区间内施工控制点组成附合导线（由于现场环境影响且为方便轨道施工作业，控制基标点位设在原线下施工控制点上）；采用全站仪，左、右角各观测两个测回，左、右角平均值之和与 360° 较差应小于 6″，导线边长测量往返测各两测回，测回间较差应小于 5 mm，往返测平均值较差应小于 4 mm。

3. 控制点补测

因其他原因造成部分施工控制点丢失时，利用其他控制点予以恢复。

4. 高程控制点复测

利用蒙自市有轨电车精密水准控制点对区间内各水准点进行检测，必要时增设较稳固的临时水准控制桩，点位密度以满足铺轨测量要求为准。临时水准控制点位置设置在区间待测控制基标附近，以便于控制基标高程的测设。高程测量按照地铁精密水准测量的技术要求作业，其水准线路闭合差应小于 $\pm 8\sqrt{L}$ mm（L 为水准线路长度，以千米为单位）。

5. 基标设置

控制基标在直线线路上每 120 m 设置一个，曲线线路上除曲线要素点（ZH、HY、QZ、YH、HZ）设置控制基标外还应每 60 m 设置一个。加密基标直线每 6 m 设置一个、曲线和浮置板道床地段为每 5 m

设置一个。加密基标为等距不等高。道岔铺设基标一般设置在直股和曲股钢轨两侧；道岔在中间轨距变化处及支距位置增设加密基标。

6. 中线控制点高程测量

使用附近的高程控制点，测量中线控制点的高程，如图1-4所示：

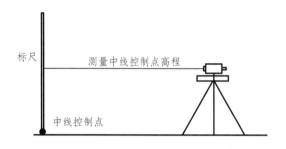

图1-4 中线控制点高程测量示意图

7. 加密基标测设

（1）加密基标设置。控制基标经监理工程师及项目部测量组确认合格后，在控制基标的基础上进行加密基标测设，加密基标测设形式为等距不等高，一般曲线段每5 m设置一个，直线段每6 m设置一个。

（2）加密基标测设。

① 直线加密基标测设。依据相邻控制基标，使用全站仪，测设前检查相邻控制基标边角关系，符合要求后采用量距法和水准测量方法，逐一测定各加密基标位置与高程。

② 曲线加密基标测设。内业计算曲线上各加密基标偏角值及相邻基标弦长值，依据曲线要素点上的控制基标，使用全站仪，测设前检查相邻控制基标边角关系，符合要求后才用偏角法和水准测量方法，逐一测定各加密基标位置与高程。

③ 加密基标检核。直线段和圆曲线段加密基标测设完毕后，通过变换测站检查各放样基标，具体方法为：将全站仪与后视光学觇牌调换位置，按原测方法逐一检查各加密基标位置，对个别超限加密基标

及时修正。缓和曲线段的加密基标检查方法为：重新摆放测站全站仪及后视光学觇牌，现场实测各加密基标偏角、距离，并与理论偏角及距离进行核对，对不符合限差要求的加密基标及时调整。

④ 注意事项。明确铺轨综合图上标注里程长短链位置，加密基标现场测设时对里程长短链位置着重检查。对应各加密基标的位置在线路侧面用红色油漆注明左右线设计里程，长短链处按设计图纸注明里程变化要素。

8. 加密基标测量限差要求

（1）直线段加密基标限差要求。

纵向：相邻基标间纵向距离误差为±5 mm；

横向：加密基标偏离两控制基标间的方向线距离为±2 mm；

高程：相邻加密基标实测高差与设计高差较差不应大于±1 mm，每个加密基标的实测高程与设计高程较差不应大于 2 mm。

（2）曲线加密基标限差要求。

纵向：相邻基标间纵向误差为±5mm；

横向：加密基标相对于控制基标的横向偏差应为±2 mm；

高程：相邻加密基标实测高差较差与设计高差较差不应大于 1 mm，每个加密基标的实测高程与设计高程较差不应大于 2 mm。

9. 报验

加密基标测设调整完成后，按相关规定向监理工程师提请报验。

10. 设基标测设

道岔基标应依据道岔铺轨设计图，利用控制基标测设道岔控制基标，然后利用道岔控制基标测设道岔加密基标。道岔控制基标应利用控制基标采用极坐标法测设，测设后应对道岔控制基标间及其与线路中线几何关系进行检测。道岔铺轨基标的几何关系及其与路线关系应满足下列要求：

① 道岔控制基标间距离与设计值较差应小于 2 mm。

② 道岔控制基标高程与设计值较差应小于 2 mm，相邻基标间的高差与设计值较差应小于 1 mm。

③ 岔心相对于线路中线的里程与设计值较差应小于 10 mm。

④ 道岔控制基标与线路中线的距离和设计值较差应小于 2 mm。

⑤ 正线与辅助线的交角的实测值与设计值较差：单开道岔不应大于 20″；复式交分道岔、交叉渡线道岔不应大于 10″。

⑥ 检核交叉渡线及单渡线各岔口之间的距离及线间距之间的关系。道岔控制基标经检测满足各项限差要求后，应埋设永久标志。

11. 成果资料保密

对取得的所有图纸、控制成果资料、作业过程的所有成果资料以及最终成果资料，应采取严格措施，专人保管，保证未经书面许可，不向外部单位提供。上述资料在项目完成后，按相关规定移交业主单位。

1.3.2 轨道工程施工方案

1. 轨枕整体道床

（1）短轨枕整体道床施工方案。

短轨枕整体道床采用"现场散铺法"施工，短轨枕采用厂制，主要施工方法是：提前将施工所需甲供材料（轨枕、钢轨等）运至现场，根据场地情况进行存放，并做好安全防护，严防碰伤等安全事故的发生。然后由铺轨作业人员进行现场拼装轨排，钢筋制安绑扎，模板安装，轨道粗调、精调、浇筑等工序。

道床混凝土采用商品混凝土，用混凝土搅拌运输车运送至施工现场，汽车泵泵送现浇（具体浇筑方法可根据现场实际情况确定，比如在架设气泵场地受限的情况下可采取地泵浇筑或者混凝土罐车直接浇筑等方法）。

（2）短轨枕整体道床工艺流程。

短轨枕整体道床施工工艺流程详见图1-5。

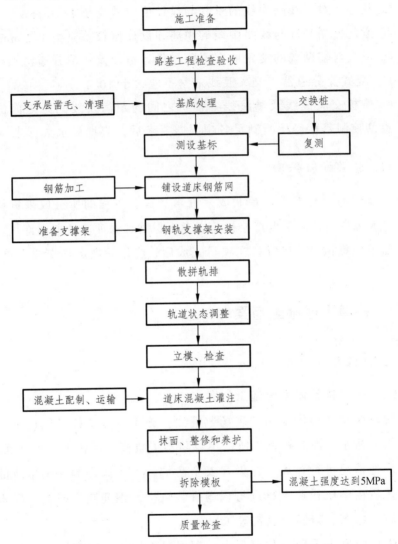

图 1-5　短轨枕整体道床施工工艺流程图

（3）短轨枕整体道床施工方法。

① 拼装轨排。在现场设组织轨排拼装台。轨排在拼装台上组装，

拼装时按轨节表所列的钢轨长度、轨距、轨枕间距、扣件类型、接头相错量及短轨枕位置进行组装，每排轨排安设 4 根轨距拉杆，与钢轨一起形成轨道刚构。

其施工工序为：摆放轨枕→摆放枕上橡胶垫板、铁垫板、轨下橡胶垫板→摆放钢轨→方正钢轨→安装轨距拉杆→调整轨枕间距→安装扣轨弹簧→紧螺母→摆放接头夹板。

a. 摆放轨枕：

在轨排拼装台位组装轨枕；

按照配轨表规定的 25 m 钢轨轨枕根数，摆放轨枕；

根据组装台位上标注的间距线粗调轨枕间距。

b. 摆放钢轨：

摆放枕上橡胶垫板、铁垫板、轨下橡胶垫板；

在轨排拼装台位摆放钢轨；

道尺在使用前需校正，其精度允许误差为 0.5 mm。

c. 调整轨枕间距：

用白油漆在轨腰内侧（曲线在外股钢轨轨腰内侧）标注轨枕位置；

方正轨枕；

轨枕应与线路中轴线垂直；

短轨枕间距及偏差允许误差为±5 mm。

d. 紧固扣件：

弹簧扣件要与轨底扣压密贴，不允许有松动、吊板等现象；

构件组装正确，螺母按规定值用测力扳手拧紧，力矩一致。

② 道床基底清理及施工排水。

a. 道床基底清理：

道床基底面按规范要求清除杂物，排除污水，不让水流入已清理地段。

b. 施工排水处理：

在道床混凝土的施工过程中，必须认真做好排水处理，以免混凝土水灰比失去控制，直接影响混凝土的强度。因此，施工时须有畅通的导水、排水设施，预防施工地段有积水现象。

③ 道床钢筋网铺设。

整体道床钢筋网采取在铺轨基地下料、加工，现场绑扎焊接成型的作业方式，纵向钢筋按两相邻伸缩缝长度配料。钢筋通过汽车运输至施工现场，适量分散布置后，人工抬运钢筋散布在道床底板上。人工绑扎固定，调整网格间距。

道床钢筋网施工时，严格按照设计、规范要求进行加工、焊接施工。

钢筋绑扎工序流程如图1-6所示。

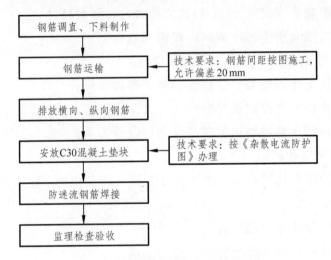

图 1-6　钢筋绑扎工序流程图

④ 架立轨排并调整。拟采用下承式钢轨支撑架（图1-7）。

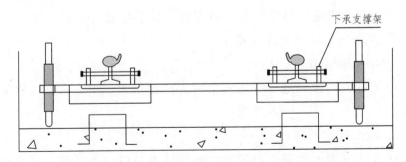

图 1-7　下承式钢轨支撑架安装示意图

a. 轨排铺设。架设钢轨支撑架应注意：

钢轨支撑架立柱所在的基底应为平整坚硬面；

为避免钢轨低接头，接头处支撑架间距应适当加密；

钢轨支撑架如与预留管沟有矛盾时，必须调整支撑架位置（图1-8）。

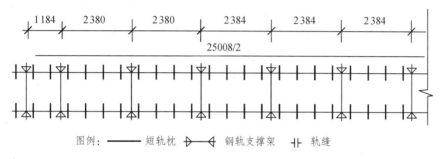

图例：—— 短轨枕　▷—◁ 钢轨支撑架　┼├ 轨缝

图 1-8　支撑架及支承墩平面位置示意图

b. 初步调整轨道位置：

用特制的一字型道尺（或三角道尺）和万能道尺，并辅以目测调整钢轨的标高、轨距、水平及方向，其精度不超过±20 mm。

调整轨枕位置：

当轨枕位置与轨道横穿设备位置发生矛盾时，可调整轨道横穿设备相邻的几根轨枕间距进行避让；

轨枕承轨槽边缘距结构缝不小于 70 mm，如轨枕不能按设计位置布置，可在相邻三根轨枕间调整。

精确调整轨道位置：

精确调整轨道位置是一项十分细致的工作，每一支撑架都要逐一调整，一个支撑架的调整往往对邻近支撑架的调整有影响，需要反复多次，逐次迫近，才能达到施工的精度要求。

利用钢轨支撑架将轨排架起后，以测量基标桩为依据，通过特制的一字型道尺（或三角道尺）和万能道尺（道尺在使用前应校正，其精度允许误差为 0.5 mm），旋转立柱支腿来调整钢轨的高度，并借轨卡螺栓来调整左右钢轨方向，逐次进行调整作业，直至达到要求标准。

按中线标桩的位置和高程，采用特制道尺先调整左股钢轨（曲线为内股）；用万能道尺以初步调好的左股钢轨为基准，进行右股钢轨轨道几何状态调整施工（曲线为外股）。

轨道调整精度应符合规范要求。

⑤ 安装整体道床模板。整体道床混凝土侧模采用建筑钢模。安装模板前要复查道床标高及轨道中心线位置是否符合设计要求，检查预埋件及预留孔洞是否遗漏、位置是否准确，确保模板安装正确。

模板的内侧面要求平整，接缝严密，不得漏浆，在浇筑混凝土过程中要经常检查，如发现变形、松动等现象，要及时修整加固。

⑥ 灌筑道床混凝土。在灌注混凝土前应用彩条布覆盖钢轨、扣件，防止被混凝土污染。在灌注混凝土过程中，要严格防止混凝土灌注及捣固操作中碰撞已调好的轨排，并随时进行复调。因此，监视和复调工作安排有经验的线路工担任。为了使混凝土灌注后的轨道符合线路的验收标准，同时考虑混凝土的收缩以及扣件尺寸的可能误差等因素，钢轨的调整精度要更为严格一些。

a. 施工工序。

调整轨道→灌注混凝土（试件取样）→振捣混凝土→监视和调整轨道→混凝土养生→拆模→竣工整理。

b. 施工方法。

检查内容：

检查线路中线、钢轨位置、方向、水平、标高、轨距是否符合要求；检查模板、防迷流钢筋网、预埋件及管沟是否稳定牢固；检查防迷流钢筋网规格、尺寸、安装位置、点焊质量、导电要求等是否符合设计规定。

灌注及捣固混凝土：

混凝土应分层、水平、分台阶灌注，浇注层厚度为插入式振捣器作用部分长度的 1.25 倍，浇注混凝土应连续进行，其间隔时间应符合有关规定。

浇注混凝土时，应注意防止混凝土的分层离析，其自由倾落度一般不宜超过 2 m，且应由专人监视、检查。当发现轨面尺寸（轨距、水平、高低、方向）超限，模板、支撑架、防迷流钢筋网片、预埋件、预埋管、沟、孔、洞有变形移位时应立即停止浇注，并应在已浇注的混凝土凝结前修整完好。

混凝土灌注因故中断应设垂直挡板，下一次灌注需在 24 h 之后，连续两次捣固时间不应超过混凝土的初凝时间。

在施工缝处继续浇注混凝土时，已浇注的混凝土抗压强度不应小于 2.5 MPa，同时在已硬化的混凝土表面浇注混凝土前应清除垃圾水泥薄膜、表面上松动的砂石和软弱混凝土层，还应凿毛，用水冲洗干净并充分湿润，一般不宜少于 24 h。残留在混凝土表面的积水应清除。从施工缝处开始继续浇注混凝土时，要注意直接靠近缝边下料。机械振捣前宜向施工缝处逐渐推进，并在距 80～100 cm 处停止振捣，但应加强对施工缝接缝的捣实工作，使其紧密结合。

应加强轨枕底部及周围混凝土的捣实，使道床与轨枕结合良好。

道床混凝土初凝前，表面需抹面平整。

抹面平整度允许误差为±2 mm，标高允许误差为+5 mm、-10 mm。抹面时及时清理钢轨、轨枕、扣件等表面的灰浆。

c. 试件取样。

混凝土抗压试件留置组数,同一配合比每灌注 100 m³（不足 100 m³ 者按 100 m³ 计）。应取两组试件，一组在标准条件下养生，另一组与道床同条件养生。其试件抗压强度评定，应按现行国家有关标准执行。

d. 混凝土拆模与养护。

拆除模板应在混凝土强度能保证其表面及棱角不因拆除模板而受损坏时，方可拆除。拆模时不可用力过猛、过急。在自然气温条件下（高于 5 ℃）即用麻袋、草帘覆盖并及时浇水养护，以保持混凝土处于足够湿润状态（浇水养护时间不少于 7 d）。混凝土强度达到 70%时道床上方可载重。

⑦ 竣工整理。

a. 清刷钢轨：用铁铲或钢刷清刷洒在钢轨上的混凝土。

b. 整修道床表面：道床表面碰掉部分用 1∶1 水泥砂浆修补填抹密实。

c. 扣件涂油：将覆盖扣件覆盖物拆除，清刷扣件表面及承轨槽内黏附的灰浆，然后将扣件涂油。

d. 道床整修工作完成后，对道床进行彻底清扫，并用水清洗，使其美观整洁。

e. 道床混凝土施工完成后，对轨道状态进行测量，做好记录，并把测量控制基标完整地保护起来，作为竣工资料和竣工测量依据。

2. 既有桥上整体道床铺轨施工

既有桥直线地段，为降低轨道结构高度，采用无枕式整体道床，轨道施工时清除既有桥面表面铺装层后施工。先进行梁面预埋筋，后绑扎钢筋笼，钢轨铺设采取"架轨法"施工。其工艺流程如下：

清除桥面铺装层→预埋筋埋植→钢轨转运、架设→钢轨安装→绑扎钢筋笼→定型模板安装→混凝土浇筑过程中进行检查→拆除支撑架→轨道调整、检查→道床底部防水施工、整道。

（1）施工准备。

① 轨道施工前，测量放样确定施工线路走向和施工范围，先破除既有桥铺装层，清理桥面碎石，对梁层进行验收体表面测量标高，确保轨道结构层的厚度、中线均符合要求，再进行预埋筋植埋。

② 核实有关工程完成情况，包括其他专业预留、预埋等，并检查各种电线路、临时建筑物等能否保证人员正常施工、架轨工具安装等。

（2）基标测设。

由测量组成员根据既有桥段施工控制基标逐一测设出每股道的线路中线控制基标，主要设在检查桥面两端和线路中部，再根据每股道的中线控制基标测设出每股道的铺轨施工加密基标。将铺轨施工加密基标设在轨道中心线位置，每 6 m 设置一个基标，作为铺轨施工时的轨道的方向和标高控制点。

（3）钢轨转运、架设。

① 将钢轨从存轨场运至计划铺设地点。按要求搬运到位。

② 吊装钢轨前用枕木做成垫块，枕木之间用钯钉锚固，保证枕木垫块的稳定，分别在一股 25 m 长轨道的两端及中间架设好。

③ 钢轨吊装使用三脚架，手动葫芦吊起平移至枕木支撑架上。吊轨前，钢轨必须放顺直，轨面朝上，放正，用钢轨夹或稳固连接把钢轨与手动葫芦连接牢固，在三脚架支撑稳固后开始吊装钢轨。钢轨吊起后，只能用三脚架平移的方法平移钢轨，严禁在枕木支撑上翻动、推移钢轨，以免发生危险。

④ 采用专用的钢轨支撑架将钢轨架起，同时安装轨距拉杆确保轨道几何尺寸正确。

钢轨支撑架的安设间距为 3.5～4 m。横向支撑固定在沿线路纵向搭设的钢管架上，轨道精度要求很高，支架必须稳定、稳固、结实。

（4）桥面钢筋制安。

按照设计图进行钢筋绑扎，要求钢轨位置在钢筋笼的中心位置。

（5）扣件安装。

将扣件按设计规定的类型有次序地散布；安装前在一股钢轨上按设计要求刻画扣件安装位置吊挂位置点，另一股轨用方尺找出；将铁垫板、扣件、橡胶垫板与尼龙套管连接，使铁垫板与钢轨垂直，且上下两股钢轨铁垫板相对，轨底胶垫不出台；安排专人负责方正铁垫板，并至少坚持 3 遍，保证扣件及铁垫板密实无歪斜。

① 扣件安装位置要以起始点往后排，暂不以轨缝中心计算。

② 锚固螺栓要垂直于铁垫板底面，不可被钢筋挡住，扣件螺帽要拧紧。

（6）模板安装及固定。

采用扣压的方式安装模板，采用厚度为 15 mm 的木模制作定型模板。模板数量为一股道的桥面整体道床数量。加强支撑可防止模板在线路方向的变形，在模板线路横向上用斜支撑进行固定。

（7）轨道调整、检查。

模板安装完成后，利用铺轨基标为基准，进行轨道的调整。

①轨道调整：粗调先调高低，再调水平，最后调整方向。

②精调时水平、方向同时进行：轨道中线与基标中线允许偏差±2 mm；直线轨道方向允许偏差2 mm；轨顶标高与设计比较允许偏差±2 mm；钢轨左右股水平差≤2 mm；轨顶前后高低差≤1 mm；轨底坡按1/40设置，另外，轨缝允许偏差±2 mm。

③由于模板工程有部分调整在轨道精调后进行，所以浇注混凝土前还要对整个线路进行复核，并用彩条布覆盖在钢轨、扣件上，保证钢轨、扣件不受混凝土污染。

（8）混凝土浇筑过程中进行检查。

在混凝土浇筑过程中，由于振动棒捣固混凝土时的振动作用会使螺栓道钉和扣件之间产生松动，锚固螺栓可能倾斜，而且工人工作过程中也会使轨道的高低、水平，线路的中线产生偏差，所以在混凝土浇筑过程中必须有专人对螺栓位置和扣件的松动情况，轨道的高低、水平等进行复核。对有不满足规范要求的情况时，在混凝土终凝前及时改正。轨道架设调整的允许偏差和检验方法见表1-2。

表1-2　轨道架设调整的允许偏差和检验方法表

序号	项目	允许偏差/mm	检验频率		检验方法
			范围	点数	
1	轨道中线与基标中线	±2	100 m	2	经纬仪、全站仪检测、钢尺检查
2	直线轨道方向	2	20 m	1	10 m弦线、钢尺检查
3	轨顶高程与设计比较	±5	10 m		水准仪检测
4	钢轨左、右股水平差	≤3	5 m		

序号	项目	允许偏差/mm	检验频率		检验方法
			范围	点数	
5	轨顶前后高低差	≤1			10 m 弦线、钢尺检查
6	轨距	±2			道尺检查
7	轨缝	±2			塞尺检查
8	接头的轨面、轨头内侧平（直）顺	0.5			1 m 直尺、塞尺检查

（9）拆除支撑架，整道。

混凝土强度达到 70% 以后拆下螺旋道钉、平垫圈并装上大橡胶垫、弹簧垫圈，拆除支撑架，对扣件上的混凝土进行清理并检查是否安装到位；对轨道的几何状态进行调整，包括高低、水平及方向。

（10）混凝土施工结束后，需在道床底部四周刷涂桥面防水材料（聚氨酯材料或防水材料）。施工损坏的铺装层用 C15 沥青混凝土恢复。

（11）质量要求。

① 轨道中心线与线路设计中心线应一致，距基标中心线允许偏差为 ±2 mm。

② 轨顶水平及高程：高程允许偏差为 ±1 mm；左右股钢轨顶面水平允许偏差为 1 mm；在延长 18 m 的距离范围内应无大于 1 mm 三角坑。

③ 轨顶高低差：用 10 m 弦量不应大于 1 mm。

④ 轨距：允许偏差为 +2 mm、-1 mm，变化率不应大于 1‰。

⑤ 轨缝：允许偏差为 +1 mm、0 mm。

⑥ 钢轨接头：轨面、轨头内侧应平（直）顺，允许偏差为 0.5 mm。左右两股钢轨的钢轨胶接接头应相对铺设，且绝缘接头轨缝绝缘端板距轨枕边缘不宜小于 100 mm。

3. 单开道岔整体道床施工

（1）单开道岔整体道床施工方案。

整体道床道岔采用"散铺墩架结合法"铺设方案，轨料由汽车运输至施工位置，利用汽车吊吊至铺设地点，人工进行架轨，挂短岔枕，并调整道岔几何尺寸和轨道状态，然后灌注轨下混凝土支墩，最后拆除钢轨支撑架，灌注道床混凝土并养生。

（2）单开道岔整体道床施工工艺流程。

整体道床道岔施工工艺流程见图1-9。

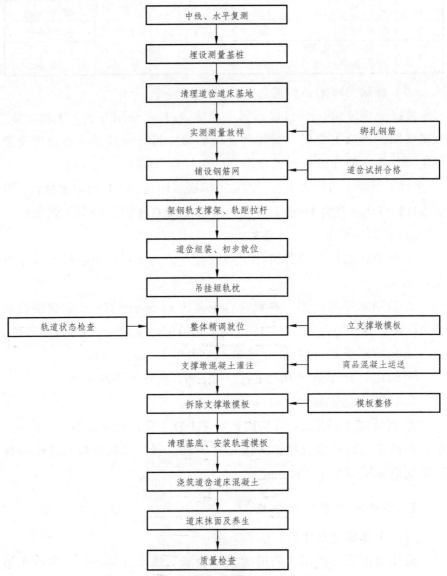

图1-9 道岔整体道床施工工艺流程图

（3）单开道岔整体道床施工方法

① 施工准备。

施工前，先进行现场底板混凝土面复测，设置道岔控制基标及加密基标，并在铺轨基地进行道岔的试拼装，经检查确认零件齐全、位置正确后，方可分组装车，运至施工地点。运送时将尖轨与基本轨捆牢，避免尖轨损伤。

② 基底处理。

基底用人工以空压机配合进行密集凿毛，凿坑深 5.10 mm，坑距 30.50 mm，凿毛完毕后清扫杂物垃圾，并用高压水或高压风将结构底板冲洗干净。

③ 道岔就位。

在材料堆场组装整组道岔，并对各部分分组编号（图 1-10）。按"1，4""2，3""5，6""7""8""9，10，11""12，13"的组合方式分为七部分（依次编号为①、②、③、④、⑤、⑥、⑦）。试拼合格确认无误后，在每根钢轨轨顶用白油漆标出岔枕中心位置，然后用汽车运至投料口，吊车吊运至距离工作面最近位置，人工倒运至工作面进行组装。安装钢轨支撑架，挂上混凝土短岔枕，将各部件钢轨配件连接好，安装轨距拉杆，完成初步拼装就位工作。

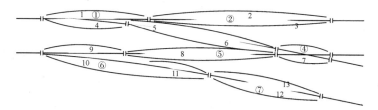

图 1-10 单开道岔平面组合示意图

④ 道岔组装与调整。

a. 在岔位上安装好特制道岔支撑架和轨距拉杆，连接各部分钢轨连接，挂短混凝土岔枕。先调整直线基本轨，再调整曲线基本轨，逐渐向内调整好其他各部分，使道岔几何状态达到设计要求，经自检并报监理工程师检查合格后，灌注支承墩混凝土。

b. 支承墩设于混凝土短岔枕下，顶宽为 50 cm，设置间距不大于支撑架间距。

c. 辙叉护轨部分，由于钢轨两侧混凝土短岔枕伸出长度不同，在自重作用下，道岔混凝土短岔枕悬臂较长一侧产生下坠，扣件微小的活动空间使岔枕与垫板产生不密贴，为此施工中采用特制岔枕水平调节器调节混凝土短岔枕水平。

d. 每组钢轨架设调整后，两侧设钢管支撑加固，以防止调整后的钢轨因联动或意外碰撞发生变形。

e. 根据道岔基标用直角道尺和万能道尺调整水平。首先把直角道尺架在基本轨上，通过支撑架调整，使直角道尺水准气泡居中。钢轨位置根据轨道周边基标调整，并根据中线用轨距校核，之后用万能道尺将另一股直轨位置定出并调整水平。用支距控制曲线基本轨位置，调整就位然后用道尺控制水平及中线，定出侧股的准确位置。为固定轨距和加强道岔的整体性，钢轨组装完成时在适当位置加装特制轨距拉杆。

⑤ 钢筋绑扎、焊接。

道岔粗调完成、短岔枕安装完毕后，按设计要求进行钢筋下料、加工、安装。钢筋安装除满足一般规定外还需满足防杂散电流专业的要求，并注意相关预埋、预留钢筋的安装。

⑥ 模板安装。

钢筋绑扎完成后可进行模板安装，安装前对道床的几何尺寸用墨线在基底弹出，并对模板表面打磨、涂上黄油，使表面平整、无异物，完成后方可进行支设，支设时注意模板的垂直度，模板拼接处无水平错牙，缝隙可用胶带填实，防止漏浆。

⑦ 钢轨精确定位调整。

道岔各部的几何状态，必须按道岔铺设图、整体道床布置图及铺设基标进行调整；施工过程中随时检查道岔和混凝土轨枕的位置，道岔各部的几何状态，发现超标立即按照规范要求进行调整。

⑧ 浇筑道床混凝土。

道床浇筑过程中应分层、水平、分台阶灌注，采用插入式振捣棒振捣密实。混凝土振捣时采用快插慢拔方式，各部位振捣时间不得小于 25 s，直至混凝土表面不再下降为止。浇注完成后初凝之前进行收光抹面，收光次数不得小于 3 次，每次抹面的间隔不宜过长，直至表面平整光滑，达到设计规范要求。

道岔混凝土支承墩强度达到 5 MPa 后，拆除支撑架，再次对道岔各部位状态尺寸进行全面检查，符合要求后，进行道床混凝土浇筑。

道床混凝土采用商品混凝土，利用汽车泵现浇，然后采用插入式振捣器振捣、人工抹面。浇筑时应设防护罩，防止道岔扣件、滑床板等被污染；抹面时及时清理掉钢轨、岔枕、扣件和滑床板上的混凝土残渣。

混凝土灌注过程中随时检查轨道状态，发现问题及时处理。振捣时短混凝土岔枕四周加强捣固，混凝土灌注后对道床表面多次进行压平抹光，确保道床表面平整，横坡符合要求。

⑨ 道床养护。

混凝土浇筑 12 h 后，采用洒水覆盖的方法进行养护，要保持混凝土处于湿润状态，养护应保证有 14 d 时间。混凝土强度达到 5 MPa 后方可拆模；达到设计强度的 70% 后，轨道上方可载重、行车。在冬季，养护可采用覆盖保暖，避免混凝土发生冻坏，保暖时间不小于 14 d。

⑩ 施工注意事项。

施工前要做到精确测量，确保控制基标和加密基标的精度；钢轨组件运输装卸过程中严禁碰撞；岔枕预制时要按顺序编号，悬挂时符合设计要求；道床混凝土施工时加强轨道状态保护并适时检查调整，确保轨道状态满足设计要求；钢轨扣件、岔尖等要用麻袋覆盖，防止混凝土污染。单渡线的施工同单开道岔的施工，先将两组单开道岔固定、调整就位后，再将其间渡线调整就位。混凝土的灌注等同前所述。

4. 交叉渡线整体道床

（1）交叉渡线整体道床施工方案。

整体道床交叉渡线施工难度较大、施工周期较长，道岔部件多，部件间的联结薄弱，有的间断，有的活动，浇筑混凝土前难以固定，但其相互间的几何关系要求极严，根据我公司施工经验采用"散铺墩架结合法"铺设方案。整体道床交叉渡线与单开道岔施工方法基本相同。

交叉渡线铺设时分三段进行，交叉渡线由单开道岔Ⅰ、Ⅱ、Ⅲ、Ⅳ和菱形交叉Ⅴ和渡线Ⅵ共六大部分组成。即先铺设菱形交叉Ⅴ和渡线Ⅵ部分，再向其前后扩展铺设两端4组单开道岔Ⅰ、Ⅱ、Ⅲ、Ⅳ部分。这样在施工时既可边施工边调整，对辙叉的定位比较准确，又有利于对渡线关键部分作精调和检查，工程质量易于保证，施工过程便于操作和控制。

交叉渡线六大部分具体划分详见图1-11。

（2）交叉渡线整体道床施工工艺流程。

交叉渡线整体道床施工工艺流程按照单开道岔施工工艺流程组织施工，具体详见图1-10。

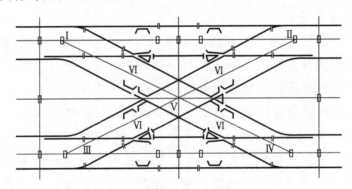

图1-11　交叉渡线平面组合示意图

（3）交叉渡线整体道床施工方法。

① 施工准备。

施工前首先根据线路基标及交叉渡线设计图纸测设菱形中心、菱形长短轴及四组辙叉理论交点等控制桩，然后按图纸散料，经技术人员核对无误后将短轨枕、垫板、垫片、轨距块及扣件等与辙叉及钢轨进行组装，至于基底处理、绑扎钢筋等与常规施工相同，在此不作详述。

② 辙叉部分的铺设。

用支撑架将交叉渡线中部的8组辙叉及其连接钢轨调至设计高程。各辙叉挂线后使其叉心理论交点与相应的控制桩的拉线重合。联结辙叉与钢轨的夹板，找正辙叉前后方向后装上轨距拉杆。检查菱形长短轴及四条斜边的长度；在适当位置立模浇注支墩。

③ 交叉渡线中单开道岔的铺设。

交叉渡线中包含四组单开道岔，其辙叉已随菱形交叉铺设完毕，因此只需铺设转辙及连接部分。转辙部分轨件多、空间少，且滑床板及护轨部分为偏心短枕，采用钢轨支撑架已无法调平滑床板。施工时用小型螺旋千斤顶配合钢轨支撑架，用千斤顶调平短轨枕及滑床板。施工程序和要求如下：

a. 当转辙器部分曲直两基本轨的高程、方向、水平及轨距设定后，安装上拉杆及加长拉杆，连接部分除设拉杆保持轨距外，导曲线外股钢轨应在适当位置设置短拉杆以保持支距。

b. 将尖轨与基本轨进行分解，把一侧尖轨拨至轨道中部支撑架上；滑床板下的轨枕依靠扣件及滑床台下的弹片扣件悬挂在基本轨轨底，调平轨枕前稍放松弹条螺母。

c. 在轨枕底部里端中轴线附近放入千斤顶，滑床台面上设置水平尺，千斤顶升起的同时拧紧弹条螺母，要求滑床台面上水平尺保持水平。当弹条中部与钢轨接触时确保滑床台面水平。

d. 转辙器一侧的轨枕经上述方法逐一调平后，用拉线检查同侧14块滑床台，台面在同一水平面上后方可打入弹片上的销钉；将尖轨拨回滑床台上，进行静态检查，首先使尖轨靠拢基本轨，若工厂生产的尖轨质量符合制造标准，则尖轨轨头刨切部分应与基本轨轨头密贴，尖轨轨底与滑床台间不应有较大空隙。尖轨符合以上要求后，即可安装辙跟扣件及夹板，进行另一侧尖轨部分轨枕的调整。

e. 当两侧尖轨下的轨枕均调整完毕后，与道岔连接部分一并选择合适位置浇注支墩，至此交叉渡线的安装调整工作基本完成，经全面自检及工程师复查认可后，即可浇注其整体道床。

f. 当整体道床混凝土终凝后，尖轨安装上拉连杆，做动态检查，安装拉连杆时，因尖轨、拉连杆及其接头铁等均可能存在公差，所以在设计、制造时准备调整片，以便现场根据实际情况增减拉连杆两端的调整片。但现场人员不能认为尖轨与基本轨密贴不良就随意设置调整片：一方面盲目增减调整片，反复装拆，浪费工时；另一方面造成尖轨变形，不能取得良好效果。施工时首先计算各拉连杆中心处两尖轨轨头间距，按此间距设置调整片，既省工又能保证道岔良好的技术状态，提高施工效率。

④ 交叉渡线组装调整。

为确保交叉渡线一次铺设成功，根据我公司在类似城市轨道交通工程的施工经验，同时安装、拼接和调整交叉渡线中的 Ⅰ、Ⅱ、Ⅴ 三部分，待该部分轨道状态完全符合要求后，采取支撑和浇筑支承墩的方法进行初步固定；然后安装 Ⅲ、Ⅳ 部分，初步调整后，安装图中的第 Ⅵ 部分。进一步精调，重点检查菱形交叉部位与 Ⅰ、Ⅱ、Ⅲ、Ⅳ 的轨道状态，确认无误后浇筑支承墩，对临时支撑进行固定。

⑤ 道床混凝土浇筑。

当支承墩混凝土强度达到 5 MPa 时，拆除钢轨支承架和轨距拉杆，再次检查并调整轨道状态，确认无误后，立模浇筑道床混凝土。交叉渡线的道床混凝土因数量较大，所占线路长度较长，可分段浇筑。分段处应避开横向所有钢轨接缝，施工缝距钢轨接缝的最小距离不得少于 150 mm，施工缝处按防迷流要求设置防迷流端子。

混凝土采用商品混凝土，由混凝土运输车运至工地，用混凝土输送泵泵至浇筑地点，分层浇筑，然后采用 $\phi 50$ 捣固棒人工振捣，人工抹面压光。

⑥ 施工注意事项。

施工前要做到精确测量，确保控制基标和加密基标的精度；钢轨组件运输装卸过程中严禁碰撞；岔枕预制时要按顺序编号，悬挂时符合设计要求；交叉渡线调整时，由于工作面大和联动影响，往往很难一两次就能调整至设计状态，要反复检查调整，做到认真、仔细、精益求精，确保轨道状态；混凝土施工时加强轨道状态的保护，适时检查调整，保证轨道组件不被混凝土污染。

5. 钢轨焊接施工方案

根据设计图纸的要求，无缝线路铺设采用"直铺法"的方式进行现场焊接施工。即整体道床施工完成后，利用铝热焊在线路上先将 25 m 无孔新轨焊连成单元轨节，再交叉放散，线上连焊，统一换算，形成无缝线路。

铝热焊接工艺，采用一次性坩埚，将配置好的铝热焊剂放入坩埚中，用高温火柴引燃焊剂，产生强烈的化学反应，高温钢水和熔渣产生分层，得到的高温钢水注入紧扣钢轨的砂型中，将砂型中已对正的钢轨端部熔化，钢水凝固后及时推瘤，即将两根钢轨焊接成一体，再经过打磨、探伤等工序使铝热焊焊接接头达到技术要求。

（1）钢轨焊接施工工艺流程。

铝热焊工艺框图如图 1-12 所示。

（2）钢轨焊接施工方法。

① 焊接前的准备工作。

a. 检查施工现场，保证铝热焊区干燥，根据需要拆除部分扣件。

b. 检查施工机具且试用，保证焊接前设备的完好率为 100%。

c. 测量轨温。在钢轨背光的一侧测量轨温，若轨温低于 0 ℃，严禁焊接；轨温在 0～15 ℃，焊接前必须预热至 30～50 ℃，加热长度为焊缝两侧各 1 m 范围内。

d. 轨端 200 mm 范围内的钢轨全断面进行除锈。

e. 卸开钢轨接头，卸掉轨缝两侧各 10～12 根轨枕的扣件，取走两侧各 2～3 根轨枕的绝缘轨距块和胶垫。

② 轨端打磨。

用端磨机打磨轨端，用角磨机或钢丝刷清洁钢轨端面头 100～150 mm 范围内的钢轨表面。

图 1-12　铝热焊工艺框图

③ 钢轨端头的对正。

a. 调整轨缝间隙。

在轨头和轨底的两侧进行测量,轨缝必须满足(25±2)mm。焊接过程中保持间隙不变,从对轨开始禁止在焊缝两端各 50 m 范围内松扣件、起拨线路直到焊接完毕。

b. 尖点对正。

安装对正架,调整对正架使两钢轨端头上拱,保证焊接冷却后焊缝不产生凹陷,并有一定凸出量供打磨。

c. 水平对直。

用型尺分别紧贴钢轨的轨头、轨腰和轨底,一般情况下必须做到三处均密贴方为水平对正。钢轨内侧纵向要求平直,以 1 m 直尺同时测量两轨平顺度，错动不大于 0.2 mm。

④ 安装砂模、涂封箱泥。

a. 使用前仔细检查砂模，应无受潮、无裂纹、无变形、各组件不缺件、状态良好。

b. 将侧砂模在轨缝处轻轻摩擦，使其与钢轨密贴，并清除冒口内的浮砂。

c. 将底砂模置于金属板中，将密封膏挤入底砂模两侧的槽中，将底砂模与砂模固定夹具板架于轨底，并让轨缝居中，拧紧砂模固定夹具的固定螺丝，同时在砂模固定夹具下侧轻轻敲打，使底砂模与钢轨密贴。

d. 将两侧的砂模装入砂模板中，再将侧模置于底板上，并让轨缝居中，带有废渣流出口的侧模应位于钢轨的底侧。

e. 抹封箱泥。先用手指将封箱泥挤入侧模与钢轨内缝隙中一层，外面再抹一层封箱泥进行加固。在砂模废渣流出口及夹具螺纹处抹上少量封箱泥，以保护工具，放上灰渣盘并在灰渣盘底部垫一层干砂。

⑤ 调节火焰、钢轨预热。

a. 将液化气和氧气调压器上的压力完全释放掉（归零），再将预热器上的两个阀门完全打开。

b. 通过氧气和液化气的调压阀分别将液化气压力调至 0.07 MPa，氧气压力调至 0.49 MPa。

c. 测量记录轨温，用预热器加热钢轨。

d. 安装预热器支架，并调整位置，使预热器处于砂模的中央，预热器离轨面的距离保持在 48.55 mm 范围内。

e. 在砂模外，快速打开预热器液化气阀门，点燃火焰并将其稍稍开大，慢慢打开预热器的氧气阀门，交替打开氧气液化气阀门，直至在预热器的喷嘴处获得一个大约 12 mm 的蓝色焰心。

f. 将预热器迅速放在预先定位好的预热支架上，并将预热器在砂模中迅速居中定位，此时火焰从砂模两侧冒出，并且均匀对称。

g. 60 kg/m 钢轨的预热时间一般掌握在 5 min 以上，具体以钢轨端头颜色发红为标准，既不能预热不足，也不能预热过度。

h. 将分流塞放在砂模边缘上进行加热，不间断地注视整个加热过程，确认预热足够后迅速撤走预热器，先关掉氧气阀门，再关掉液化气阀门。在预热临结束时，注意左右晃动预热器各 5 min，以使轨底角加强预热。

⑥ 检查焊药、点火浇注。

a. 在预热的同时（不宜过早）打开焊药包，坩埚不得受潮，无损伤，坩埚内无杂物。将高温火柴插入焊药内并盖上坩埚盖。

b. 当预热结束后，移开预热器，将分流塞放入砂模顶部的入口内，把一次性坩埚放置在砂模的中央。

c. 点燃高温火柴，将其插入焊药中，其最深为 25 mm，盖上坩埚盖，此时焊药开始反应浇注。当废渣停止流出时，按下跑表开始计时。

⑦ 拆模及推瘤。

a. 浇注结束 5 min 后，移走灰渣盘和一次性坩埚，拆掉砂模夹具、夹板和金属板。

b. 用热切斧在砂模顶部划痕，并将焊头顶部推掉，清理钢轨轨顶变干的封箱泥，同时发动推瘤机。

⑧ 浇注结束 6.5 min 后，进行推瘤，推瘤完后，除去轨顶面金属，并将两侧金属打弯，放入保温箱进行保温。

⑨ 拆除对正架、拉伸器。

a. 浇注结束 15 min 后拆掉对正架。

b. 若使用拉伸器，则浇注结束 20 min 后拆掉，不可提前拆除拉伸器。

⑩ 热打磨。

a. 打磨焊头使其轮廓与两侧钢轨相同。

b. 打磨焊头的内、外侧表面，使其与两侧的钢轨平齐。

c. 打磨后，焊头处的焊料凸出量不超过 0.5 mm。

⑪ 冷打磨。

浇注结束 1 h 后，当轨温降至常温时进行冷打磨。

a. 使钢轨表面整体平齐。

b. 不得在某一处过度打磨，避免损伤钢轨。

c. 焊缝两侧 100 mm 范围内不得有明显的压痕、碰痕、划伤等缺陷。

⑫ 探伤检查。

当轨温降至 50 ℃ 以下时进行探伤。首先清理焊缝两侧各 100mm 范围，确定无锈、无裂纹、无毛刺等，涂抹机油，进行全断面探伤。所有焊头均需经过探伤人员探伤并合格，出现不合格则锯掉重焊。

⑬ 收尾工作。

a. 检查焊好的接头，做好原始记录并编写焊接序号。

b. 清理道床，按标准方枕。

c. 加强捣固焊接接头两侧的两根轨枕。

d. 将轨道恢复正常，并进一步清理焊接现场。

e. 焊接接头平直度标准：顶面 0 ~ +0.3 mm/m，内侧工作面 0 ~ 0.3 mm/m，底面 0 ~ 0.5 mm/m。

⑭ 质量控制。

a. 无缝道岔锁定焊及无缝线路锁定焊连时，均在设计锁定轨温范围内进行。

b. 尖轨辙跟接头的焊接及道岔前后与区间无缝线路焊接之前，应认真检查并整正道岔方向、高低、水平等各部几何形位尺寸，尖轨限位器子母块间隙是否符合设计要求。

道岔前后接头终焊之前，要先拆除临时渡线，并插入相应长度的焊接轨。

c. 对焊接道岔轨型及焊药成分、剂量、质量、模型进行检查确认，应进行焊接试验。

d. 焊接环境温度不应低于 5 ℃。

e. 有限位器的道岔，根据轨温调整限位器位置。

f. 施焊前对工具、设备、燃料进行检查确认，并按铝热焊焊接工艺要求施焊。

g. 施焊前对钢轨要严格执行有关检验要求，确保焊缝不直度达到小于 0.2 mm/m 指标。

h. 焊接顺序：先焊直基本轨，再焊直尖轨和直股外轨及辙叉直股，而后是曲尖轨、曲基本轨，最后是辙叉曲股和外曲轨。

i. 焊缝打磨，达到平直度要求，且焊缝打磨长度大于 600 mm。

j. 进行焊缝超声波探伤、焊缝外观检验及道岔全长和各部尺寸复验。

6. 无缝线路应力放散、锁定施工

（1）无缝线路应力放散及锁定施工方案。

根据本工程特点，拟采用"连入法"作为本标段无缝线路长钢轨锁定的基本方法，采用"滚筒法"和"拉伸器滚筒法"进行应力放散作业。本工程设计锁定轨温为：按设计要求规定，相邻轨节锁定轨温差不得大于 5 ℃，左右股长轨的锁定轨温差不得大于 3 ℃，且曲线外股锁定轨温不得高于内股。

（2）无缝线路应力放散及锁定施工工艺流程。

无缝线路应力放散及锁定施工工艺流程详见图 1-13。

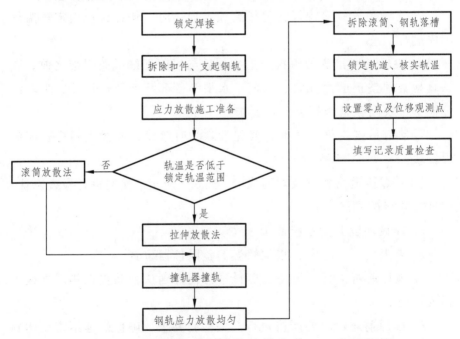

图 1-13　无缝线路应力放散及锁定施工工艺流程图

（3）无缝线路应力放散及锁定施工方法。

① "连入法"是由分段铺轨的某一端开始，先将第一节单元轨节进行应力放散并锁定后，再将第二段及以后的单元轨节与上一段单元轨节经过应力放散之后依次焊接锁定成为无缝线路的施工方法。

② "滚筒法"放散应力：在设计锁定轨温范围内，首先将钢轨扣件全部卸下，拆除放散终端顶紧式接头夹板、在长钢轨底部每隔 10～12.5 m 设置滚筒，在放散终端或长轨中部用撞轨器顺放散方向撞击、振动长轨，使长轨顺直，处于自由状态，当轨温满足锁定轨温条件时，取下滚筒，上紧扣件，锁定线路。以单元轨节始、终端落槽时轨温平均值作为锁定轨温，并做好记录，再用同样的方法放散和锁定另一股钢轨。

③ "拉伸滚筒放散法"：在低于设计锁定轨温下采用此种方法。其施工方法如下：

a. 将钢轨扣件全部卸下，拆除放散终端的顶紧式接头夹板，在钢轨底部每隔 10～12.5 m 设置滚筒，在长轨终端和中部用撞轨器顺放散方向撞击，振动钢轨，使长轨顺直，处于自由状态。

b. 每隔 50～100 m 在轨枕与钢轨间设位移临时观测标记，测量轨温，计算拉伸量和锯轨量。

钢轨拉伸量：$\Delta L = \alpha L (t_0 - t_1)$（mm）

式中　L　被放散的单元轨节长度（mm）；

　　　α　钢轨线膨胀系数，$\alpha = 11.8 \times 10^{-6} / °C$；

　　　t_0　设计锁定轨温（°C）；

　　　t_1　拉伸时轨温（°C）。

锯轨量：$\Delta l = \Delta L - \delta/2$（mm）

式中　$\delta/2$ 为接触焊钢轨顶锻量之半，按 15 mm 计。

因 $\Delta l < \Delta L$，所以拉伸前根据情况将钢轨拨一小弯，使之留出足够的拉伸空间。

c. 在放散终端安装拉伸器，拉伸钢轨，与此同时用撞轨器纵向撞击、振动钢轨，使之拉伸均匀。达到拉伸量之后撤除滚筒，上紧扣件，记录拉伸量、各点位移量及锁定轨温。

以上两种方法放散应力时，用滚筒垫入钢轨底下。

单元轨节锁定焊接也是采用相同办法。

④ 位移观测桩设置。

位移观测桩在整体道床施工时按设计要求布设，无缝线路锁定后，立即做好位移观测标记，观测纵向位移。每一长轨条布置 5 对观测桩，其中长轨条起终点、中部及距长轨条起终点 100 m 位置各设置 1 对。轨条长度大于 1200 m 时，适当增设位移观测桩，桩间距离不应大于 500 m，在坡度代数差大于及等于 20‰的变化点增设位移观测桩。用白油漆注明锁定日期及锁定轨温，位移观测标记为永久性标记，不得任意改动。

⑤ 无缝线路的质量标准。

无缝线路质量保证措施详见表 1-3。

表 1-3 无缝线路质量保证措施一览表

序号	项目	要求
1	锁定轨温	锁定轨温及长轨节始端、终端落槽时的轨温均在设计中和轨温范围以内，左右两股长轨节的锁定轨温差不超过 5 ℃
2	长轨节轨端相错量	左右股单元轨节接头相错量不宜超过 100 mm
3	位移观测桩	埋设齐全牢固、观测标志清晰
4	无缝线路位移量	铺设后，5 d 观测无缝线路纵向位移，伸缩区两端位移量不大于 20 mm，中桩处位移不大于 5 mm
5	钢轨硬弯	钢轨硬弯经过矫直，矫直后用 1 m 直尺测量矢度不超过 0.5 mm
6	缓冲区钢轨接头	缓冲区钢轨接头轨面及内侧要求平齐，误差不超过 0.5 mm
7	缓冲区轨缝	在温和温度范围内测量，缓冲区轨缝在 2.9 mm 内
8	缓冲区钢轨接头螺栓	缓冲区钢轨接头螺栓使用 Φ24 的 10.9 级螺栓和平垫圈，数量 6 个齐全，螺栓涂油，螺母扭矩达到 900 kN·m

序号	项目	要求
9	扣件	扣件的轨距垫块顶严密靠压紧，要求弹条 3 点接触（相应螺母扭矩为 $100 \sim 150 \text{ kN} \cdot \text{m}$）不良的不超过 8%，橡胶垫无缺陷，歪斜量大于 5 mm 的不超过 8%，螺母涂油
10	轨枕位置	轨枕方正、均匀、误差不超过 40 mm
11	道床	道床断面符合规定尺寸，且整洁、均匀、密实
12	焊接接头	符合《钢轨焊接 第 1 部分：通用技术条件》（TB/T 1632.1—2014）的规定
13	线路几何状态	符合验收标准

1.4 轨道工程施工重难点分析及对策

（1）由于本工程属于市政工程，位于闹市区，交通拥挤，来往车流量大，施工沿线周边已有建构筑物较多，因此，轨道部分的施工多采用人工铺轨的方式进行铺设。

（2）本工程所采用的槽型钢轨在国内使用较少，路基沉降控制要求高，无砟道床铺设、无缝线路焊接、无缝线路铺设等施工难度大。针对轨道工程施工难度大采取的对策措施详见表 1-4。

表 1-4　轨道工程重难点分析及对策表

工程重难点及分析		主要对策
无砟轨道施工精度控制	轨道必须具备高平顺性和高稳定性，这需要由轨道合组成部分的施工质量来保证。轨枕是轨道的重要部件，其轨枕安排粗调、精调和固定。混凝土道床板的浇筑是重要的工序环节之一	（1）建立一套完整的、统一的、精确的、可靠的测量系统，在线下工程的沉降基本趋于稳定之后，进行一次最终调差测量，以确保施工的高精度。 （2）对路基的沉降预测值和稳定性进行分析评估，满足要求后方可实施道床施工。 （3）现场铺设轨排和精调定位采用先进的测量检测仪器和机具

工程重难点及分析		主要对策
轨道精调和道床混凝土施工	为满足轨道铺设精度的要求,采用螺杆调节器进行轨道的高低、水平调整,以保证轨道具备高平顺性和确保高速行车的安全性、平稳性和舒适性。道床采用 C40 混凝土整体道床	(1)很具施工经验,编制专门的施工工艺细则。 (2)成立道床专业化施工队伍。 (3)配备轨道成套施工机械,实施机械化施工。 (4)为确保工期,全标段分多个工作面同时施工。 (5)加强培训,持证上岗。 (6)优化设计施工方案,网络化施工,实行分区、分段合理有序的作业方式,严格控制各关键环节的施工质量。 (7)选择先进成熟配套的轨道施工设备和检测仪器,加快施工进度和提高检测水平。 (8)道床浇筑采用钢模板、模板安装机进行安装。混凝土浇筑机输送灌注道床混凝土,插入式振捣器捣固
物流运输组织	轨料供应集中,运输压力大,组织工作难度大	(1)配足运输车辆。以保证每个作业面的施工进度。 (2)混凝土采用搅拌站搅拌,钢筋及其他材料按照每天的需求组织运送。 (3)充分组织和运用社会的运输车辆,吊装车辆以及现有的和临时的运输通道,做好调度安排,最大限度的满足施工生产需要
无缝线路铺设与现场钢轨焊接	好的钢轨现场焊接质量和打磨质量是重要的保证之一	(1)加大铺轨基地轨料存储量,保证连续不断地供应轨料。 (2)配备先进的现场移动接触焊机及接头打磨等配套机具。 (3)对钢轨轨端进行打磨、除锈,呈现光泽后方可施焊;焊接前应先将前方要焊的长钢轨扣件全部卸松,使用拉轨器进行轨头初步定位,以满足焊机要求。焊接作业车进入作业点必须按规定精确对位,完成钢轨焊接工作

第2章　整体道床施工技术

◇　适用范围

本章适用于现代有轨电车项目正线无砟轨道整体道床施工。

◇　作业内容

本章主要介绍现代有轨电车整体道床施工技术及安全质量控制要点。

◇　施工技术参照标准

[1]《铁路轨道工程施工质量验收标准》（TB 10413—2003）

[2]《城镇道路工程施工与质量验收规范》（CJJ1—2008）

[3]《铁路轨道工程施工安全技术规程》（TB 10305—2009）

[4]《城市轨道交通技术规范》（GB50490—2009）

[5]《城市轨道交通工程测量规范》（GB50308—2008）

[6]《城市轨道交通工程项目建设标准》（建标 104—2008）

[7]《城市轨道交通工程档案整理标准》（CJJ/T 180—2012）

[8]《城市轨道交通结构安全保护技术规范》（CJJ/T 202—2013）

[9]《无缝线路铺设及养护维修方法》（TB/T 2098—2007）

[10]《钢轨焊接 第 1 部分：通用技术条件》（TB/T 1632—2014）

2.1　作业准备

2.1.1　准备工作要点

（1）由监理工程师组织对设计交桩的坐标控制点、高程控制点进行复测。

（2）钢筋必须按不同钢种、等级、牌号、规格及生产厂家分批验收，分别堆存，不得混杂，且应设立识别标志（料牌），在运输过程中不得锈蚀和污染。钢筋宜堆置在仓库（棚）内；露天堆置时，应垫高并加遮盖。

（3）混凝土进场前必须进行坍落度检测，不满足要求不允许进场浇筑，必须按照规范要求对混凝土取样并进行试验检测且出具有效实验报告。

（4）槽型轨进场验收：检查槽型轨合格证、材质证明、检验报告是否齐全；检查槽型轨平直，无弯翘及扭曲，轨头无硬弯，轨道表面无裂纹、无损伤。

（5）轨枕的进场检验：轨枕运输到施工现场后，在轨枕卸车前，由施工单位质量检测员检验轨枕垛中的轨枕。检验项目包括：表面损坏情况、混凝土表面裂缝、钢筋变形、钢筋突出长度。

2.1.2 劳动力组织准备

整体道床施工劳动力组织情况见表 2-1。

表 2-1 整体道床施工劳动力组织情况表

序号	工种	数量/人	备注
1	测量工	4	负责基标埋设和测量工作
2	精调工	2	负责轨道精调和报验
3	起重工	1	负责吊装作业
4	钢轨焊工	6	轨道焊接和焊缝检测
5	打磨工	4	负责轨道打磨工作
6	电工	1	负责临时线路的安装和日常维护工作

序号	工种	数量/人	备注
7	普工	30	负责拆除和恢复扣件罩、辅助应力放散、轨道除锈工作、包裹材料安装等
8	模板工	10	负责模板支立、倒运、清理
9	钢筋工	4	负责钢筋铺设、绑扎
10	混凝土工	10	负责混凝土浇筑、抹面、养护
11	钢筋焊工	4	负责钢筋焊接

2.1.3 机具设备准备

整体道床施工机具设备准备见表 2-2。

表 2-2 机具设备表

序号	工器具名称	型号规格	单位	数量
1	全站仪	Leica TS30	台	1
2	水准仪	DINI03	台	1
3	汽车吊	25 t	台	1
4	轨道支撑架		套	300
5	起道机		台	4
6	道尺		把	2
7	L尺		把	2
8	电动扳手		把	2
9	柴油发电机	5.5 kW	台	1
10	撬棍	中号	根	4

序号	工器具名称	型号规格	单位	数量
11	撬棍	大号	根	4
12	锯轨机		台	1
13	平板车	5 t	辆	1
14	扭力扳手		把	2
15	轨道闪光焊机		辆	1

2.2　施工技术标准

本施工技术主要介绍现代有轨电车整体道床施工工艺、技术标准及安全质量控制要点。

施工技术参照标准如下：

[1]《铁路轨道工程施工质量验收标准》（TB 10413—2003）

[2]《城市轨道交通工程测量规范》（GB 50308—2008）

[3]《钢轨焊接》（TB/T 1632—2005）

2.3　施工工序流程

2.3.1　工序流程图

整体道床施工工序流程见图 2-1。

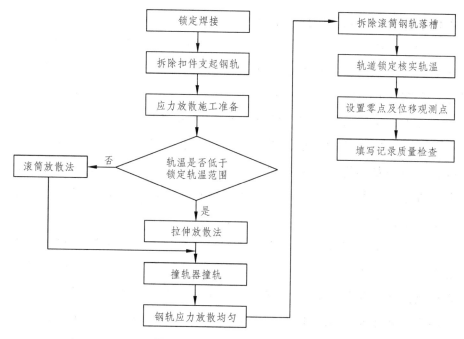

图 2-1　施工工艺流程图

2.3.2　操作要点

1．测量放线

（1）设置控制基标，直线段每 120 m 一个，曲线段每 60 m 一个。

（2）采用控制基标放出加密基标，直线段 6 m、曲线 5 m 一个桩位。利用控制网，确定弹出轨枕混凝土端头、轨道中线的 3 道墨线。道床板尺寸、轨排粗调按验标的要求据此墨线控制，与中线偏差不得大于±2 mm。

2．整体道床钢筋绑扎与焊接

（1）整体道床钢筋绑扎时，先绑扎道床下层钢筋，然后绑扎上层钢筋及拉筋，在支承层上弹出钢筋的位置线，按弹出的钢筋位置线，底板的下层钢筋先铺短向，后铺长向。

（2）摆放底层下部钢筋时，第一根钢筋应距离支承层边 50 mm，摆完第一根钢筋后再按照底板钢筋的间距摆放其他钢筋，排到最后不够一个钢筋间距时要另加一根钢筋，且要与最后一根钢筋把间距均分。

（3）底层钢筋绑扎时，钢筋接头按 50%错开连接。

（4）钢筋绑扎时，双向钢筋必须将钢筋交叉点全部用兜扣倒八字绑扎，不得跳扣绑扎，底板混凝土保护层用与保护层同强度等级的水泥砂浆垫块支承，垫块厚度等于钢筋保护层厚度 35 mm，按每 0.6 m 以梅花型摆放。

（5）纵向钢筋如有搭接必须采用搭接焊。在每个道床结构段中部选两处（即位于结构段纵向全长各约 1/3 处）横向钢筋与交叉的所有纵向钢筋（上下层均需）焊接，上下层横向钢筋与架立筋同时焊接为封闭圈。每个道床结构段两端靠近结构缝的第一排所有的横向结构钢筋必须与交叉的所有纵向钢筋焊接，横向钢筋应同样焊接封闭。在结构缝左右两侧的上层纵向钢筋采用 $\phi 10$ 的 HRB400 钢筋进行对应连接，连接钢筋与纵向钢筋焊接长度应 $\geqslant 6d$。在上、下行线路垂直轨道下方，分别选用两根纵向结构钢筋和所有的横向钢筋焊接，以做排流处理。在支承层中预埋门形筋，纵向间距为 300 mm，若与伸缩缝冲突，可适当调整门形筋位置。

3. 轨排拼装、工装安装

钢轨运至现场吊装就位后用钢轨支撑架固定，安装扣件，布散轨枕，短轨枕设计间距 675 mm，轨枕间距允许偏差为 ±5 mm；两组轨枕左右偏差为 ±5 mm。支撑架应与轨道中心线垂直。支撑架立柱必须在支承层安置牢固以免调整时产生滑移。

4. 轨道调整

（1）粗调轨道水平：以一根钢轨为基本轨将轨道尺架在两股钢轨

上，测量此时两轨面连线中心线到基标中心的距离。根据实测轨面和基标高差对两支承丝杆作相应的升降。此时可以拧动两丝杆，使支撑架连同轨道上升或下降。本工序应对前后两支撑架作适当调整，使其顶面尽量在一平面内。

（2）精调轨道水平：根据道尺的气泡和实际高差，比较实测高差，对丝杆作微调，直至水泡居中即实际高差和实测高差相符，即可实现轨道水平。

（3）调整轨道中心线及轨距：本工序需配合轨道尺和吊线锤使用（轨道尺使用前要分中，使吊线锤准确对中）。拧动上层的调整螺栓和下层的轨卡螺栓，使轨距符合设计要求并使轨道中心和线路中心重合。

（4）轨道的整体调整：本工序主要为目测，调整者可以站在支撑架上观测钢轨是否平直或者圆顺，通过调整螺栓对轨道进行校正。从支撑架卡口的下部还可以目测钢轨是否平顺，钢轨不平顺可以配合轨道尺对支撑架的丝杆作适当调整。这里需要注意的问题是，在对每一个支撑架调整完毕的时候，支撑架的自锁螺帽、调整螺栓及轨卡螺栓都要拧紧，以防止混凝土浇筑时的冲击力使支撑架走行，影响施工质量。

（5）轨排调整好后，对所有基标点和支撑架应再检查一遍，如果精调过程中发现有偏差，以外股为准，用轨道尺控制另一股钢轨，进一步精调轨道几何尺寸，经严格检查后进行加固。精调完毕后，用 20 m 弦线测量曲线正矢，缓和曲线正矢允许偏差为 3 mm，圆曲线正矢连续差为 6 mm，圆曲线正矢最大最小值差 9 mm。

5．模板安装

模板接缝要进行处理，固定要牢靠，防止漏浆、跑模、爆模等现象；模板高程须满足首层混凝土浇筑要求；放线安装，保证保护层厚与模板平顺度。

6．混凝土浇筑

（1）混凝土入模温度为 5 °C≤T≤30 °C。浇筑混凝土前进行轨道静态几何尺寸、轨面标高检查，混凝土必须按规范要求取样和送检试验。

（2）每 100 m³ 取两组标准立方体试块即 150 mm×150 mm×150 mm，一组为现场同条件养护，一组进行标准养护，试块用于试验检测；试块表面需要注明基本信息，包括标号、位置、用途、日期。

（3）采用插入式垂直点振的振捣方式，插点要均匀排列，逐点移动，不得拖拽、驱赶混凝土，顺序进行，不得遗漏，做到均匀振实；轨枕四周及底部加强振捣，直到混凝土不再沉落、不出现气泡；严禁振捣器触碰钢轨和钢轨支撑架；移动间距不大于振捣作用半径的 1.5 倍（一般为 30～40 cm），时间 20～30 s。

7. 轨排支撑架及模板拆除

（1）侧模在混凝土强度达到设计要求，其表面及棱角不因拆模而受损时，方可拆模。拆除模板时，不得影响或中断混凝土的养护工作。

（2）混凝土初凝后送松开扣件、鱼尾板夹板，对温度应力放散，防止混凝土开裂；当混凝土强度达到 5 MPa 时，拆除支撑架，达到设计强度 70% 后方可承重。浇筑完成后养护不间断，时间不少于 7 d。

8. 轨道焊接

（1）在整体道床混凝土强度达到设计要求后，采用槽型轨专用移动式钢轨焊接机直接将已铺设完毕的 25 m 钢轨焊接成 500～750 m 的单元轨节。

（2）钢轨在施焊前要进行型式试验，型式检验合格后才能开始焊接，在焊接施工中，按照规定还要进行生产检验。

（3）焊接设备进场后，要进行相关的工艺试验，确定焊轨参数，制定保养维修细则和安全操作规程，并上报监理、业主，获得批准后严格组织实施。钢轨焊接施工前，操作人员要对焊机主机、附机、水冷却系统、液压系统、制冷系统、供电系统等做最后检查，一切正常后方可进行焊轨作业。

（4）闪光焊接对钢轨端部的几何尺寸要求较高。因此，铺轨前（或整体道床施工时）对钢轨的端部尺寸进行复核。要求轨端高差≤1.2 mm。

（5）焊轨前，将钢轨扣件松开，拆除接头夹板及部分配件，顶升钢轨，放置滚筒和垫木，对待焊钢轨端头及焊轨机钳口部位与钢轨接触处端面采用电动砂轮机进行除锈、打磨，打磨后的钢轨面应有金属光泽，不得有锈斑；打磨深度不得超过母材 0.2 mm，钢轨端部 670 mm 范围内有出厂标志的，应打磨至与轨腰平齐，不得有任何凸出，防止损伤钳口。对焊接钢轨端面用宽座角尺和塞尺进行垂直度检查，凡超过 0.5 mm 的，采用钢轨端面打磨机进行打磨，直至符合要求；待焊钢轨端面及钢轨与闪光焊机电极接触部位，应打磨除锈，轨腰打磨长度≥500 mm；打磨面在钢轨待焊时间超过 24 h 以上或打磨后有水、油、污垢污染时，应重新打磨处理。

（6）钢轨面及钳口部位打磨符合要求后，方可进行焊轨作业。先在滚筒上进行对轨并调整高低和方向，使焊缝对正焊轨机钳口中心位置，用刀口尺检查两钢轨左右或高低错牙均不得超过 0.5 mm。

确认钢轨对中后，启动液压系统进行夹轨，随后激活数据采集系统，进入焊接程序，依次经过各个闪光阶段后进行顶煅并完成推瘤作业。

焊接结束后，立即启动液压系统，将焊轨机架张开到足够大的程度，起升焊机使之离开焊头一定距离。迅速除去推瘤焊渣，并对焊机各部位和接头进行检查，同时清洁焊机内部和钳口。如果钢轨与钳口接触处有电击伤，则该焊头判定为不合格，需切掉重焊；同时对钳口进行处理，直至换钳口，方可再焊。

（7）合格的焊头根据数据采集系统的屏显号码统一进行编号，将相关数据进行收集、整理、存档。资料对应焊接接头标识号在距焊头 1～3 m 的同侧轨腰上，大小与钢轨轨腰匹配，白底红字。

9. 轨道应力放散及锁定施工

（1）区间正线按单元轨节等距离设置位移观测桩，桩间距不大于 500 m，单元轨节长不足 500 m 整倍数时，可适当调整桩间距离。设置位移观测桩的要求：埋设牢固、可靠、易于观测和不易被破坏，可采用预制、现浇混凝土或废钢轨。有条件时可与线路基桩合并设置，或设置在线路两侧的固定构筑物上。

（2）在线路放散全场范围内每 300~500 m 左右设一处撞轨点，用撞轨器沿放散方向撞击钢轨，同时用手锤敲击钢轨轨腰，使钢轨能够自由伸缩，严禁敲击轨头及轨顶面，观测各点的位移量变化情况。当钢轨位移发生反弹且各点位移变化均匀时，视为钢轨达到自由伸缩状态，此时停止撞轨。

（3）左右股单元轨节温差锁定温度应不大于 3 ℃，相邻单元轨节温差应不大于 5 ℃，同一区间内单元轨节温差应不大于 10 ℃，曲线上内股钢轨锁定轨温不高于外股的锁定轨温，使用的轨温表必须经过校验，在有效期内使用。

（4）钢轨应力放散均匀后撤掉滚筒，使长轨平稳地落入承轨槽内，同时检查胶垫，有错位者纠正；迅速上好距单元轨节末端 50~75 m 范围内的全部扣件；同时作业人员均布在放散长轨范围内，由两端向中间"隔三上一"上紧扣件，扣件"隔三上一"上完后，进行另一股钢轨的放散作业，待本单元轨节两根钢轨全部放散完后，补齐所有扣件。

（5）将待放散的长钢轨与已放散长钢轨进行焊接，并打磨探伤合格，焊缝要求与一般轨道焊接接头技术要求相同；标记位移观测"零点"并记录好原始放散数据。

10. 轨道精细调整及柔性材料填装

轨道精确调整阶段由质检人员检查，最终确认轨道铺设正确，所有参数满足要求。在道床第一次浇筑后，安装轨腰弹性颗粒体材料和轨底泡沫板。

2.4 施工质量标准

2.4.1 施工前质量控制

（1）严格把好材料检验关，材料进场前必须送样检查，经过批准后，方可订货进场。材料要有产品合格证明文件，并根据规定做好各项材料的试验、检验工作，不合格的材料不准进入现场。

（2）每道工序施工前，施工负责人必须向操作人员作详细的技术交底，施工过程中及时进行质量检查和认可，班组要严格执行自检、互检、交接检验工序制度，把自检和专职检查结合起来，实行层层把关。

（3）堆放钢筋上覆下垫，防钢筋锈蚀，生锈的钢筋需经过除锈合格后才能用于整体道床；布置下层钢筋时根据道床中心线对称布置，以保证道床两侧钢筋保护层满足要求。

（4）轨枕进场时对外观进行验收，四周边角无破损、掉角，无可见裂纹。

（5）伸缩缝设置位置要准确，不允许出现结构层伸缩缝错位严重的情况。

2.4.2 施工中质量控制

（1）钢筋焊接长度必须满足规范要求，焊接不得出现未焊满、焊伤、咬边、焊渣不清除等现象，焊接位置严格按照图纸要求，不得漏焊、错焊。

（2）钢筋保护层厚度必须严格按照规范要求，不得出现露筋，保护层厚度不足、过厚、差异大等现象。

（3）模板与支承层垂直，模板间接缝必须加固处理，防止混凝土在浇筑过程中出现跑模、爆模现象；模板底部与支承层接触面的缝隙过大的地方必须封堵，防止漏浆。

（4）混凝土进场前必须进行坍落度检测，不满足要求不允许进场浇筑；必须按照规范要求对混凝土取样并进行试验检测且出具有效实验报告。

（5）浇筑时控制好混凝土下落高度，浇筑时配备足够的振捣器进行垂直振捣；安装与土建提前协调好混凝土浇筑时间，轨道调整完毕12 h 内完成浇筑；混凝土浇筑厚度应采取有效手段严格控制，避免出现厚度不均匀、厚度不足、过厚等现象。

（6）轨道材质的选用必须符合有关强制性条文的要求；轨道安装应横平竖直，必须有坡度的轨道，其坡向、坡度应正确；轨道轨枕位置应正确、间距均匀、固定牢固。

（7）轨道下料时的切口必须平整光滑，间隙满足规范要求，轨道焊接接口外观应光滑、平整、美观，焊缝检测 100%合格。

2.5　注意事项

2.5.1　安全注意事项

（1）施工前对施工区域及周边地下管线、道路等进行调查，对可能影响的地下管线、道路等应采取隔离、暴露等保护措施，施工时加强观测。

（2）正确使用安全保护装置和保护设施，对各种保护装置、保护设施和安全警告标志牌等不得任意毁坏、拆除或随便移动。

（3）夜间施工应配备足够的照明设备，雷雨、大风、大雾天应停止施工作业。

（4）施工现场的临时用电严格按照《施工现场临时用电安全技术规范》的有关规范规定执行。

（5）道路，各种临时管线、材料、设备和附属设施的平面布置都应符合安全、防火、卫生和标准化施工管理的要求，按业务归口加强管理。

（6）砂轮切割片不得打磨物件，严禁磨削钻头、镊子。

（7）现场的施工机具、照明线路必须接地良好，未经许可不得擅自拆、装、改。

2.5.2　环保注意事项

（1）施工剩余材料按要求回收处理，禁止随意倾倒。

（2）现场施工作业、生产及生活临时设施的布置均严格按照招标文件及施工图指定的区域进行。

（3）减少现场施工粉尘、噪声及生活垃圾对周边环境造成的影响及行人、车辆对工程施工造成的干扰。

（4）道床混凝土养护后，及时清理回收土工布。

（5）模板拆除后集中堆放并遮盖、标识。

第3章 槽型轨小半径曲线施工技术

◇ 适用范围

本章适用于槽型轨无缝线路小半径曲线（$R \leqslant 300$ m）轨道铺设施工。

◇ 作业内容

包括轨道组装架设、轨道精调、轨道焊接及整体道床浇筑。

◇ 施工技术参照标准

[1]《铁路轨道工程施工质量验收标准》（TB 10413—2003）

[2]《铁路混凝土工程施工质量验收标准》（TB 10424—010）

[3]《城市轨道交通用槽型轨钢轨闪光焊接质量验收标准》（CECS 429—2016）

3.1 作业准备

3.1.1 准备工作要点

（1）基床表层施工完成，工序交接合格。

（2）中线及保护套管位置、中心线设置完成，具备预埋条件。

（3）钢轨及焊轨机到位，具备现场焊接条件。

（4）开工前组织技术人员学习实施性施工组织设计，审阅施工图纸，澄清有关技术问题，熟悉规范和技术标准，制定施工安全保障措施，提出应急预案。对施工人员进行技术交底与安全交底，对参加人员进行岗前技术培训，使其掌握施工要点。

3.1.2 劳动力准备

小半径曲线施工劳动力组织情况详见表 3-1。

表 3-1 劳动力组织情况表

序号	工种	数量/人	备 注
1	管理和技术人员	4	现场指挥
2	普工	20	材料搬运等
3	线路工	20	轨道铺设
4	闪光焊接焊工	4	轨道焊接及其技术工作

3.1.3 机具准备

小半径曲线施工所需工具机具见表 3-2、表 3-3。

表 3-2 测量工具表

序号	仪器设备名称	型号规格	数量	用途	备注
1	水准仪	徕卡 DNA03	2	测量	良好
2	全站仪	徕卡 TS15	2	测量	良好
3	精密水准仪	DNS1	1	测量	良好
4	万能道尺		2	测量	良好
5	L 尺		2	测量	良好
6	弦线、20 cm 钢尺	10 m 弦	2	正矢检测	10 m 弦

表 3-3　轨道铺设施工机具表

序号	设备名称	规格型号	生产能力	数量/台
1	粗调机起道器	自制	良好	实需
2	电动扣件紧固机		良好	8
3	闪光焊接机具	UN5-150ZB1 型	良好	1
4	锯轨机	HC355	良好	4
5	内燃磨轨机	MR150	良好	2
6	超声波检测仪	CTS-23	良好	4
7	手提角向砂轮机	Φ100	良好	10
8	手动螺栓紧固机		良好	8

3.1.4　设备材料

小半径曲线施工所需设备材料见表 3-4。

表 3-4　设备材料表

序号	名称	规格	数量	单位	备注
1	25 m 定尺长槽型轨		实需	根	
2	支撑架		实需	套	
3	PVC 保护套管		实需	m	
4	DC-1 型扣件		实需	套	
5	混凝土短轨枕		实需	个	

3.2 施工技术标准

3.2.1 长轨条焊接技术标准

长轨条焊接接头平直度偏差：顶面 0 ~ 0.3 mm，工作边侧面 -0.5 ~ +0.5 mm，探伤合格率 100%。

3.2.2 轨道静态几何尺寸允许偏差

小半径曲线施工轨道静态几何尺寸允许偏差见表 3-5。

表 3-5　轨道静态几何尺寸允许偏差表

序号	检查项目	允许偏差	位置	检验方法
1	轨枕间距	±5 mm	加密基标点位处	钢尺测量
2	轨距	+2，-1 mm，变化率不大于 1‰		万能道尺、L 尺
3	水平	2 mm		
4	扭曲	2 mm（基长 6.25 m）	每 5 m 一点/10 m 弦线	弦线
5	高低	直线不得大于 2 mm/10 m		
6	中线	2 mm	加密基标点位处	全站仪
7	高程	±5 mm		水准仪

3.3 施工工序流程

3.3.1 工序流程图

小半径曲线施工工序流程如图 3-1 所示。

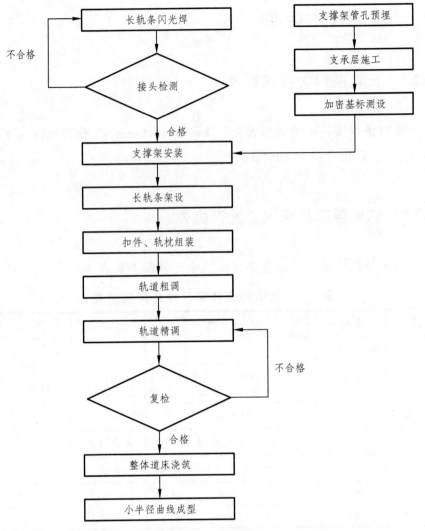

图 3-1　槽型轨小半径曲线工序流程图

3.3.2　操作要点

1. 支承层施工

（1）轨道结构自下而上依次为路基基床、支承层、整体道床、轨枕、扣件、钢轨（图 3-2），考虑到小半径曲线轨道施工曲线半径的固定不易，预先在支承层施工前测设支撑架位置，并预埋 PVC 套管。

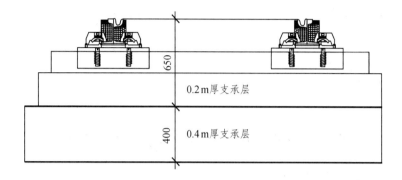

图 3-2　轨道结构断面图

（2）支撑架边线测量。

在基床表层进行测量，放出线路中线、两侧套管中心线（中线两侧各 1.25 m 处），如图 3-3 所示。

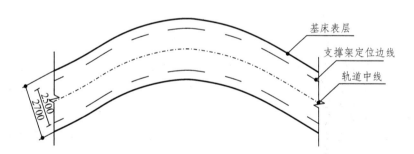

图 3-3　轨道中线及支架边线测设示意图

（3）PVC 套管预埋。

按照 2.5 m 的等间距预埋 ϕ60 mm PVC 套管，用于安装和定位支撑架（图 3-4），并在道床混凝土浇筑时防护支撑架竖向撑杆，以便拆除重复使用。

（4）套管预埋完成后，对其位置、间距进行复测，合格后进行支承层混凝土的浇筑。

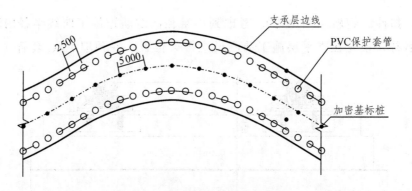

图 3-4　保护套管预埋及加密基标测设示意图

2. 加密基标测设

（1）加密基标测设。

轨道调整在浇筑完成的支承层上设置单独的加密基标控制点，用以测量控制轨向和轨面高程，加密基标每 5 m 设置一点，位置与线路中线重合，用于配合 L 尺调整轨道。加密基标本身材质必须满足设计要求。

（2）曲线要素点标记。

轨道小半径曲线由前直线段、前缓和曲线段、圆曲线段、后缓和曲线段、后直线段这五个分段组成。在支撑架安装前，须在线路旁设置曲线 ZH、HY、QZ、YH、HZ（即直缓点、缓圆点、曲中点、圆缓点、缓直点）五大要素点并明显标记（一般喷漆标记），确定缓和曲线始终点、圆曲线中点和始终点，以便在轨道精调时计算和检测曲线正矢，分段进行轨道调整（图 3-5）。

3. 支撑架安装

加密基标测设工作完成后，开始支撑架的安装工作。支撑架由承轨台、竖向撑杆、侧向撑杆、轨卡螺栓等构成（图 3-6）。将支撑架竖向撑杆按照预埋的 PVC 套管每 2.5 ~ 3 m 的间隔依次放置后再进行其他部件现场组装，并在安装完成后全部检查是否牢固，垂直度是否满足要求。

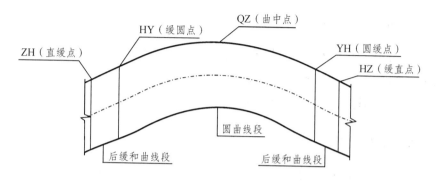

图 3-5　曲线要素点标记示意图

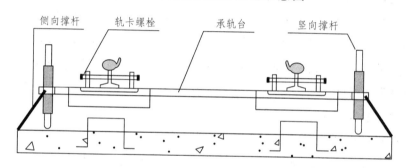

图 3-6　上承式支撑架示意图

4. 钢轨焊接及拖拉就位

（1）为方便长轨条拖拉施工，在距离小半径曲线始点 10~20 m 的直线线路上，采用闪光机将槽型钢轨焊接成长轨条，并对全部的焊接接头进行精细打磨、外观测量、探伤检测，全部合格后，长轨条方可用于小半径曲线施工。

（2）长轨条由人工拖拉就位，利用滚筒、翻轨器等工具，将长轨条从直线段移动至曲线段上后，利用起道器将轨道抬高并初步架设至支撑架承轨台上，调整好支撑架的整体垂直度并将侧向撑杆进行固定，防止轨道自重引起支撑架倾斜、坍塌。

（3）轨道架设后，将轨腰两侧轨卡螺栓拧紧固定，以保持轨道较小半径弯曲施工的稳定。

5. 轨枕、扣件组装

利用人工将轨枕、扣件依次散布在轨道两侧，并从一端同步进行轨枕、扣件的组装，轨枕间距675 mm，扣件螺栓涂抹黄油，安装后统一进行扭矩测试，螺栓扭矩不低于120 kN·m。

6. 轨道调整

（1）轨道调整简述。

轨枕、扣件组装完成后，用万能道尺和L尺对轨道几何状态进行初步调整。调整项目为轨距、水平、高低、轨向。轨距为标准轨距1435 mm，水平为两钢轨轨面的高低差，高低为基准轨轨面高程与设计高程的偏差，轨向为轨道曲线的圆顺度表达。轨道调整分为轨道粗调和精调两个步骤。

（2）轨道粗调。

选择曲线外股为基本轨，用L尺按照加密基标点位，每5 m一个测点，对基本轨进行轨向（轨卡螺栓辅助）和轨面高程（竖向撑杆辅助）的调整，再以基本轨为基准，使用万能道尺测量轨距、水平，将偏差调整至±5 mm范围内，逐一将所有测点粗调完成。

（3）轨道精调。

轨道精调时分为常规静态几何尺寸调整和曲线10 m弦线正矢调整，调整原则为先轨向后轨距、先高低后水平。

① 常规几何状态调整。

轨距、水平、高低的调整方法与粗调一致，利用万能道尺、L尺测量，竖向撑杆、侧向撑杆、轨卡螺栓辅助实施，将轨道静态几何状态调整至图纸及规范要求范围（见表3-5）。

② 曲线调整。

曲线段的圆顺度控制十分重要，调整和检测主要依据弦长为10 m的弦线所测量的弦正矢数值，因此，缓和曲线、圆曲线的弦正矢在曲线精调之前必须进行计算后方可按照计算结果进行精调施工。

弦正矢分为圆曲线正矢和缓和曲线正矢，按照下列公式计算（例如某曲线半径 $R=100$ m，缓和曲线长度前后各为 20 m 的曲线，利用弦长 L 为 10 m 的弦线进行测量）：

a. 圆曲线正矢计算公式

$$F_c = \frac{L^2}{8R} = \frac{10^2}{8 \times 100} = 125 \tag{3-1}$$

式中 L——弦长（m）；

F_c——圆曲线正矢（mm）；

R——曲线半径（m）。

b. 对于带有缓和曲线的正矢一般用递增法计算递增率：

$$F_s = \frac{F_c}{N} = \frac{125}{4} = 31.25 \tag{3-2}$$

式中 F_c——圆曲线正矢（mm）；

N——缓和曲线分段数，其值为 $N = \frac{L_0}{L_n}$（L_0 为缓和曲线长，L_n 为各测点间距离）（本例每 5 m 一测点，$N=4$）。

缓和曲线各点计算正矢（mm）：

缓和曲线起点 ZH 点正矢 $F_0 = \frac{F_s}{6}$

缓和曲线第 1 点正矢 $F_1 = F_0 + F_s = 5.21 + 31.25 = 36.76$

缓和曲线第 2 点正矢 $F_2 = F_1 + F_s = 36.76 + 31.25 = 68.01$

缓和曲线第 3 点正矢 $F_3 = F_2 + F_s = 67.81 + 31.25 = 99.26$

缓和曲线终点 HY 点正矢 $F_N = F_c - F_0 = 125 - 5.21 = 119.79$

注意事项：曲线正矢测量见图 3-7，弦正矢的测量从直缓点开始，将定长为 10 m 的弦线两端紧贴曲线内股轨道侧边，用 20 cm 钢尺测量弦线中点处的正矢值，即为该点的正矢数据，与计算值比较后进行调整。

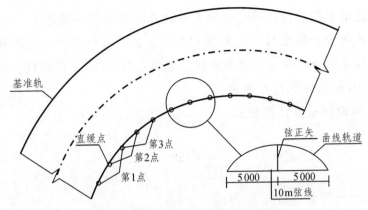

图 3-7　弦正矢测量示意图

7. 混凝土浇筑

（1）混凝土浇筑前对曲线几何状态进行复测，合格后必须在 12 h 内完成整体道床混凝土的浇筑，防止轨道状态因温度变化引起偏差，且在浇筑过程中必须由专人同步进行轨道状态检测，发现问题及时处理。

（2）混凝土浇筑振捣器不允许触碰到钢轨、支撑架，且必须加强轨枕四周的振捣，以保证对轨枕的固定。

（3）浇筑完成后及时对整体道床进行覆盖洒水保湿养护，并在混凝土初凝后将所有扣件松开，以防轨道因温度变形导致整体道床产生裂缝。

3.4　施工质量标准

3.4.1　轨道施工质量标准

（1）长轨条闪光焊接质量必须按照规范要求检测合格后方可用于铺设。

（2）轨道施工几何状态调整时，先粗调后精调，将轨道粗调到

±5 mm 范围内（粗调完成）后，方可进行轨道精调。

（3）轨道精调完成后必须在 12 h 内及时进行整体道床的浇筑，否则须对轨道重新调整。

（4）精调时先中线后高程，中线允许偏差 2 mm，高程的允许偏差分别为 ±5 mm，高程宁低勿高。

3.4.2 其他

（1）全站仪、水准仪、万能道尺、L 尺等监测仪器及测试元件要有合格证，并定期进行校核、标定。

（2）支撑架承轨面必须与钢轨底部密贴，防止浇筑混凝土时出现倾斜等问题。

（3）由于未设置外轨超高，施工时必须严格控制轨距、水平、轨面高程，严防三角坑扭曲、尺寸偏差超标严重的现象。

3.5 注意事项

3.5.1 安全注意事项

（1）支撑架安装时垂直度必须保证，避免出现支撑架倾斜、倒塌等伤人情况。

（2）轨道安装时严禁随意松开扣件，以免轨道位移伤人。

（3）起道器、撬棍等工具的使用必须佩戴防护用品，选择安全可靠的支撑点，保证人身安全。

（4）闪光焊接必须有专业人员进行操作，无关人员不得随意触碰，并在焊接后设置安全围栏，以免出现烫伤。

（5）正火用氧气瓶、乙炔瓶必须按照规范要求保证足够的距离，并设置灭火器。

（6）接头打磨时作业人员必须佩戴防护面具，严禁肉眼直视打磨接头，避免灼伤眼睛。

（7）闪光焊机附近应设置专门用于收集轨道推瘤所产生焊渣的工具。

（8）轨道焊接接头打磨产生的垃圾应及时清理干净。

（9）对焊接施工产生的噪声进行严格控制，拒绝野蛮施工。

（10）混凝土罐车清洗后污水不得随意排放。

（11）支撑架、模板、钢筋不得随意堆放在作业现场。

3.5.2 环保注意事项

（1）尽量降低因闪光焊接产生的粉尘、噪声及生活垃圾对周边环境造成的影响及行人、车辆对工程施工造成的干扰。

（2）现场施工作业、生产及生活临时设施的布置均严格按照招标文件及施工图指定的区域进行。

（3）施工尽量安排在白天进行，避免给当地居民造成噪声和光污染的情况。

第4章 槽型轨无砟道岔调整技术

◇ 适用范围

本技术适用于现代有轨电车槽型轨小号码无砟道岔的调整。

◇ 作业内容

在达到调整的施工准备要求后，通过测量、分析道岔群单元区轨道数据，对数据进行整合、处理，计算出道岔单元区的计算调整量并根据数据进行调整施工。

◇ 施工技术参照标准

[1]《铁路轨道工程施工质量验收标准》（GB 10413—2003）

[2]《城市轨道交通技术规范》（GB 50490—2009）

[3]《地铁设计规范》（GB 50157—2013）

[4]《城市轨道交通工程测量规范》（GB 50308—2008）

[5]《铁路轨道设计规范》（TB 10082—2005）

[6]《无缝线路铺设及养护维修方法》（TB/T 2098—2007）

[7]《钢轨焊接》（TB/T 1632—2014）

[8]《城市有轨电车工程设计规范》（征求意见稿）

[9]《客运专线无砟轨道道岔铺设暂行技术条件》（工管技〔2008〕8号）

[10]《客运专线铁路道岔铺设手册》（工管工〔2009〕104号）

4.1 作业准备

4.1.1 准备工作要点

（1）组建经验丰富的有轨电车槽型轨道岔专业施工队伍，配备满足精度要求的全站仪、电子水准仪等测量仪器。

（2）完成 GPS 和精密导线基准测量网的复测和贯通测量，提供合格的测量成果报告，经监理和第三方检测单位复核合格后使用。

（3）准备槽型轨道岔的调整件，包括调整轨距块、1~3 mm 调高垫片、标准轨距块等。

4.1.2 劳动力准备

劳动力计划详见表 4-1。

表 4-1　劳动力计划表

序号	工种	数量/人	备注
1	现场管理人员	1	现场协调
2	测量技术员	2	测量控制
3	质量员	1	质量管理
4	安全员	1	安全管理
5	道岔铺设	20	根据劳动力具体情况
6	散布轨枕	10	根据劳动力具体情况
7	安装扣件	5	扣件安装

序号	工种	数量/人	备注
8	轨排拼装	6	轨排拼装、轨道粗调
9	轨排精调	6	轨道精调

4.1.3 机具准备

采用测量仪器无特别要求，均符合现行国家标准和设计要求，主要机具设备参见表 4-2。

表 4-2 主要机具设备表

序号	名称	数量	用途
1	25 t 吊车	2 台	钢轨、道岔、长轨枕吊装
2	电动扳手	2 台	组装扣件和轨排拼装
3	道尺	2 把	调整轨距
4	L 尺	2 把	调整轨道方向和高程
5	弦线、弦线架	4 套	轨道精调
6	GPS	1 套	测量
7	全站仪	1 台	测量
8	电子水准仪	1 台	测量
9	高压风管或水枪	1 套	道岔清理
10	上承式钢轨支撑架	6 套	道岔调整

4.2 施工技术标准

槽型轨无砟轨道施工技术标准见表 4-3。

表 4-3　槽型轨道岔静态调整施工技术标准表

序号	调整项目	允许差值	检测方法	备注
1	轨距	±1 mm	万能道尺、测量仪器	—
2	轨距变化率	1/1000	—	—
3	水平	±1 mm	万能道尺、测量仪器	—
4	水平变化率	±1 mm/5 m	—	扭曲
5	轨向	±1 mm/3 m（10 m）弦	测量仪器	—
		2 mm/10 m 弦	弦线	
6	高低	2 mm/10 m 弦	弦线	
7	高低（长平）	2 mm/10 m 弦	测量仪器	

4.3　施工工序流程

4.3.1　工序流程图

施工工艺流程如图 4-1 所示。

4.3.2　操作要点

1. 清理道岔群单元区

（1）检查钢轨铝热焊焊接接头打磨平顺度是否超标，对焊接造成弯曲的钢轨进行校正。

（2）用毛刷及高压风管或水枪清理道岔钢轨及扣件，严禁使用钢丝刷、角磨机，以防破坏道岔钢轨及扣件表面的防渗、防腐的保护层。

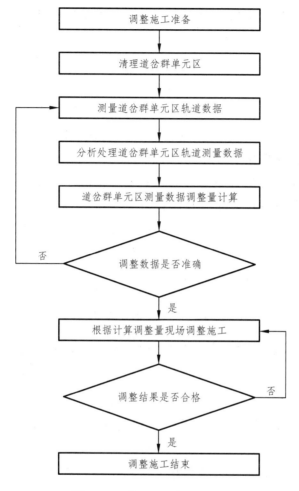

图 4-1　施工工艺流程图

（3）确认转辙机部分轨底滑床板段尖轨与基本轨密贴情况，不合格的用调整薄片或者调高垫片进行调整。

（4）检查扣件安装及扭力是否满足要求，防止出现假轨距。

（5）检查槽型轨道岔轨底胶垫安装是否正确。

2. 测量道岔群单元区轨道数据

（1）收集道岔类型、尖轨线型、曲股扭转过渡等点位的设计数据。

特别注意尖轨尖端藏尖、牵引点前后、基本轨轨头加工部位轨距加宽等特殊点的测量。

（2）将道岔相关线性要素输入计算软件，将合格的数据导入测量仪器进行测量。

（3）测量时将全站仪架设在左、右线线路轨道中心处，减小因测距误差产生的槽型轨道岔群单元区局部轨道横向偏移、纵向移位对道岔群单元区整体框架的影响。

（4）槽型轨道岔群单元区直股数据测量时保持直股开通状态，道岔曲股数据测量时保持曲股开通状态。

（5）槽型轨道岔群单元区前后 25 m 范围内均应纳入道岔群单元区测量范围，以控制槽型轨无砟道岔整体线性的平顺性，轨道线性相对精度达到设计和规范要求。

3. 分析处理道岔群单元区轨道测量数据

（1）通过软件模拟计算出槽型轨道岔群单元区调整量，将槽型轨道岔群单元区前后 25 m 范围内道岔调整测量数据通过平差软件进行计算分析。

（2）测量数据分析时，应先分析槽型轨道岔群单元区道岔直股（标准轨），后分析道岔曲股，由整体到局部。

（3）现代有轨电车道岔群单元区整体框架结构应进行长波分析，局部槽型轨道岔点位则应进行短波分析。直股的平面位置满足短波控制规范要求，曲股轨道通过轨距控制，相邻两钢筋混凝土长轨枕间轨距变化控制在 1 mm 以内。

（4）先控制标准轨的高程，保证短波控制在 2 mm 以内；曲股高程则通过水平来控制，保证钢轨面处在同一水平面上。

（5）现代有轨电车槽型轨道岔轨距加宽、曲股构造加宽、轨距渐变等特殊位置，其道岔轨道轨距、方向应按"保证直股，兼顾曲股"的原则进行调整施工。

4. 道岔群单元区测量数据调整量计算

（1）采用针对 60R2 型槽型轨的专业道岔调整量计算软件，将道岔参数、直股、曲股测量的数据分别输入软件程序中，经计算后在调整区内输入计划调整量。

（2）将轨距、水平、方向、高低、长平、短波等指标分开计算。通过多次输入平差后的计划调整量，得出槽型轨道岔的最佳几何尺寸。

5. 根据计算调整量现场调整施工

（1）道岔群单元区轨道高程调整。

① 先调整直股（标准轨），再调整曲股（非标准轨），严格控制槽型轨道岔群单元区平面框架位置。

② 利用万能道尺测量需要调整的槽型轨道岔直股轨距，松解扣件并抬起道岔钢轨，根据计算调整量调整轨面高低；拨正道岔钢轨，保证道岔轨道几何平面尺寸与调整前的轨距保持一致。

③ 道岔直股调整完成后，使用万能道尺测量道岔曲股水平并进行调整。在道岔曲股高程调整到位后检查轨距，使其平面位置恢复至调整前的状态。

（2）道岔群单元区轨道几何平面位置调整。

① 辙叉区只做查照间隔、轨距、护轨的微小调整。

② 道岔转辙器区调整。

调整现代有轨电车槽型轨道岔转辙器区几何平面位置时，调整好直基本轨后，再进行曲基本轨的调整。

在调整直基本轨时应先顺直基本轨外侧拉 10 m 弦线，对超出值大于 2 mm 的道岔点位调整相邻长轨枕上的轨距块，紧固防松螺母使其扭力达到设计要求。

用支距尺检查道岔点位上的支距并利用万能道尺测量支距所在位置的直基本轨和曲基本轨轨距，对偏差超过±1 mm 的点位使用调整轨距块进行调整，紧固防松螺母使其扭力达到设计要求。同时做好现场调整记录。

（3）道岔导曲线区调整。

① 现代有轨电车槽型轨道岔群单元区直导轨采用 10 m 弦线由岔前向岔后方向顺移，前后拉线顺接的重复搭接区域不小于 8 m，用直钢板尺测量每个长轨枕位置处相应弦线位置距导轨外侧工作边的距离，对偏差大于 2 mm 的点使用调整轨距块进行调整。

② 槽型轨道岔直向尖轨岔后方向的导轨平面几何尺寸可以通过调整直向轨距来进行控制，曲向导轨平面几何尺寸使用道岔支距来控制。

③ 曲向基本轨岔后方向的导轨平面几何尺寸可以通过调整曲向轨距来进行控制。

④ 现代有轨电车槽型轨道岔直向几何尺寸调整时，应同时完成道岔群单元区前后轨道线路方向及整个道岔群单元区的轨道的调整，保证槽型轨道岔群单元区轨道整体框架结构几何尺寸的平顺性。

6. 槽型轨道岔调整结果检查

（1）现代有轨电车槽型轨道岔群单元区轨道现场调整后，进行道岔群单元区轨道线型几何尺寸复检。

（2）数据合格进入下一道工序。数据不合格，复核测量并进行评估、计算新的道岔群单元区轨道线型几何尺寸调整量并继续进行调整，直至调整合格。现代有轨电车槽型轨道岔群单元区施工效果见图 4-2。

图 4-2　施工效果图

4.4 施工质量标准

（1）现代有轨电车槽型轨无砟道岔在调整施工时必须保证质量，严格按照标准调整铺设，不得随意更换扣件。

（2）现代有轨电车槽型轨道岔作为现代有轨电车城市轨道的特殊转换设备，在调整施工过程中，直股和曲股不能同时兼顾时，在保证直股的情况下尽量调整曲股。

（3）现代有轨电车槽型轨道岔调整施工结束后，必须对防松螺母进行复紧，核查扭力，以避免钢轨内部应力造成道岔钢轨轨道线性变化。

（4）测量人员应具有丰富的经验，由专职测量工程师进行指导，综合考虑天气状况，选择测量的最佳时间，杜绝在恶劣天气进行测量工作。

（5）严格控制测量精度，经常对测量仪器进行校核，保证精度控制在允许范围以内，作业时安排专人看护，保证仪器不受干扰。

4.5 注意事项

4.5.1 安全注意事项

（1）认真贯彻"安全第一，预防为主，综合治理"的方针，遵循国家现行有关安全管理办法、规定标准。

（2）整体移动道岔时应设专人指挥，统一口令，做到动作一致，相互间应保持一定的安全距离，防止工具伤人，横纵向移动时注意道岔与身体的距离，防止碰伤。

（3）道岔调整时，应综合考虑现场交叉工序施工的影响，针对相邻施工区间及本施工区间内的危险源采取相应措施，防止相邻施工区间的车辆、人员、施工机具等不安全因素对施工产生不利影响。

（4）施工现场用电线路、设施的安装和使用必须符合安装规范和操作规程，并按施工组织要求进行架设，严禁任意拉线接电。

（5）进入施工现场必须佩戴安全帽，施工现场安全设施如围护、洞口盖板、防护罩、护栏等，不得擅自移动。

（6）安全教育经常化、制度化，对特种作业人员必须经培训合格后持证上岗，对新员工必须进行安全教育和培训。

（7）各工种上岗前，必须由项目技术负责人向作业人员进行安全技术交底，无安全措施和未交底的不得作业。

4.5.2 环保注意事项

（1）根据招标文件的要求，新建围挡由施工单位根据施工阶段相关要求制作、安装，围挡外侧标明工程名称、工程概况和业主、设计、监理、质监、安监、施工单位名称。

（2）施工尽量安排在白天进行，避免给当地居民造成噪声和光污染的影响。

（3）减少现场施工粉尘、噪声及生活垃圾对周边环境造成的影响及行人、车辆对工程施工造成的干扰。

（4）做好地面恢复，恢复原有植被，保持城市原有环境风貌的完整和美观。

（5）现场施工作业、生产及生活临时设施的布置均严格按照招标文件及施工图指定的区域进行。

（6）禁止在施工现场焚烧有毒、有害和有恶臭气味的物质，应运至环保部门指定地点处理。

第5章　单开道岔整体道床施工技术

◇ 适用范围

本章适用于现代有轨电车单开道岔整体道床施工。

◇ 作业内容

包括单开道岔整体道床施工的具体作业。

◇ 施工技术参照标准

[1]《铁路轨道工程施工质量验收标准》（TB 10413—2003）

[2]《城镇道路工程施工与质量验收规范》CJJ1—2008

[3]《铁路轨道工程施工安全技术规程》（TB 10305—2009）

[4]《城市轨道交通工程测量规范》（GB 50308—2008）

[5]《客运专线铁路道岔铺设手册》（工管工〔2009〕104号）

5.1　作业准备

5.1.1　准备工作要点

（1）阅读、审核施工图纸，理清有关技术问题，熟悉规范与技术标准，制定施工安全保障措施，提出应急预案。

（2）对施工技术人员进行技术交底，对参加施工人员进行上岗前技术培训。

（3）按照设计要求完成混凝土拌和站选定及道岔混凝土配合比设计，并报送监理工程师确认。

（4）岔枕已运至现场并按要求存放。

（5）做好劳动组织、施工机具、设备材料的准备工作。

5.1.2　劳动准备

单开道岔整体道床施工劳动力组织情况见表 5-1。

表 5-1　劳动力组织情况表

序号	工种	数量/人	备注
1	现场管理人员	1	现场协调
2	技术员	2	测量控制
3	质量员	1	质量管理
4	安全员	1	安全管理
5	道岔铺设	20	根据劳动力具体情况
6	散布轨枕	10	根据劳动力具体情况
7	安装扣件	5	扣件安装
8	轨排拼装	6	轨排拼装、轨道粗调
9	轨排精调	6	轨道精调
10	模板工	10	模板支立、倒运、清理
11	混凝土工	10	混凝土浇筑、抹面、养护

5.1.3　机具准备

单开道岔整体道床施工主要机具设备见表 5-2。

表 5-2　主要机具设备表

序号	名称	数量	用途
1	25t 吊车	2 台	钢轨、道岔、长轨枕吊装
2	电动扳手	2 台	组装扣件和轨排拼装
3	道尺	2 把	调整轨距
4	L 尺	2 把	调整轨道方向和高程
5	弦线、弦线架	4 个	轨道精调
6	GPS	1 套	测量
7	全站仪	1 台	测量
8	电子水准仪	1 台	测量
9	支距尺	1 把	支距测量
10	高压风管或水枪	1 套	道岔清理
11	上承式钢轨支撑架	6 套	道岔调整
12	竖向调节装置	300 个	道岔调整
13	扭力扳手	2 把	紧固和松动螺栓

5.2　施工技术标准

5.2.1　测量标准

道岔控制基标横向允许偏差不应大于 1 mm,相邻控制基桩允许偏差为:间距 2 mm,高差 1 mm。加密基标横向允许偏差不应大于 2 mm,相邻加密基标相对允许偏差:平面位置 2 mm,高程 1 mm。

5.2.2　道床施工标准

（1）现代有轨电车槽型轨道岔区道岔直导轨采用 10 m 弦线由岔前向岔后方向顺移，前后两次拉线顺接重复搭接区域不小于 8 m，用直钢板尺测量每个长轨枕位置处承轨槽相应弦线位置距导轨外侧工作边的距离，对偏差大于 2 mm 的点使用调整轨距块进行调整。

（2）道岔道床设置 20 mm 的伸缩缝，用聚乙烯泡沫板填充。

（3）道岔按设计位置进行调整，其精度符合表 5-3 所列规定。

表 5-3　道岔各部位允许偏差表

序号	项　目		允许偏差/mm	检验方法
1	轨距	有控制锁的尖轨尖端处	±1	尺量
		其他部位	±1	
2	轮缘槽宽度		+3、-1	
3	导曲线实际支距与检算值差		±2	
4	钢轨接头	轨逢实际平均值与检算值差	±2	塞尺量
		错牙	≤1	
		岔头或岔尾接头相错量	≤20	尺量

（4）道岔精调必须满足轨道岔静态调整施工技术标准。

（5）导曲线实际支距与检算值差不超过±2 mm。

5.3　施工工序流程

5.3.1　工序流程图

单开道岔整体道床施工工序流程见图 5-1。

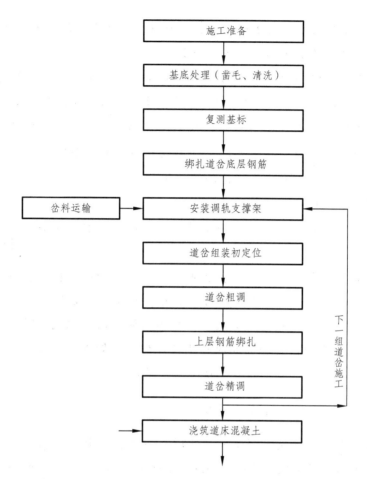

图 5-1　单开道岔整体道床施工工艺流程框图

5.3.2　操作要点

1. 施工准备

（1）检查现场是否满足道岔施工的要求。

（2）对于每一组待组装的有轨电车道岔，对照图纸和包装单检查零部件是否齐全。

（3）部件标记，为了便于安装，所有部件在生产过程中均作标记，现场轨缝接头用相同数字和颜色标记。

（4）道岔铺设之前，应检查道岔部件是否存在运输和装卸损伤。

（5）铺设支承面应稳固且水平，符合轨道和道岔铺设现场施工要求。

（6）应使用合适的吊具设备来吊装和移动道岔部件。吊装和移动过程中应时刻注意避免因扭曲、变形或开裂等造成损坏。

（7）必须根据部件上标记的位置进行吊装。

（8）道岔存放及要求：

① 道岔及部件存放场地应平整坚实、排水畅通，支垫顶面高差不大于 10 mm。

② 道岔零组件应按组分类放置，保证其安全稳固且易于检查及搬运，留够运输设备走行空间，防止雨淋、锈蚀等情况发生。

③ 转辙器、可动心轨辙叉组件最多码放 2 层。钢轨件码放层数不超过 4 层。钢轨件与地面间应铺垫缓冲衬垫，如木质垫块，每层用衬垫垫实、垫平，衬垫应按高度方向垂直设置。

2. 基底处理（凿毛、清洗）

对整体道床混凝土底座凿毛处理（图 5-2），用人工以空压机配合进行密集凿毛，凿坑深 5~10 mm，坑距 30~50 mm，纵、横向距离不大于 100 mm，凿毛完毕后清扫杂物垃圾，做到表面无浮渣、碎片、油渍等，应清洁干净，路面无积水，并用高压水或高压风将结构底板冲洗干净。

3. 复测基标

依据业主单位提供的线路导线点、水准点，按照设计图纸和规范要求严格进行施工控制点的测设。基标每 5 m 布置一个，直线段右线基标设在右侧、左线设在左侧，曲线段设置在线路外侧，用以控制和调整线路的方向和高程。

图 5-2　基底凿毛现场照片

4. 绑扎道床底层钢筋

钢筋绑扎之前对基底进行清扫，清除浮渣、粉尘、积水等杂物。底层钢筋按线施工，先放横向后放纵向，并按图纸要求正确预留保护层厚度、保证钢筋间距。

5. 安装调轨支撑架

按照道岔铺设图进行道岔钢轨连接，用压机抬起钢轨，将支撑架合理放置在轨下托起钢轨（约每隔 4 根短枕放置 1 根支撑架）。因道岔结构形式决定了所用支撑架较长，为便于施工，将支撑架设置为拼装式，使用时通过梁身连接板及联结螺栓连接，参见图 5-3。

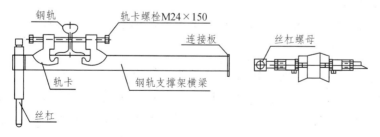

图 5-3　钢轨支撑架设计示意图

6. 道岔组装初定位

（1）组装平台：根据道岔线路中心线，放样定出组装平台纵梁位置，纵梁顶面标高值按设计线路标高值反算确定。纵梁顶面标高调整到位后，进行固定。然后在纵梁上按岔枕间隔作标记，根据道岔的岔尖、岔心、岔尾的控制点，定出各个无砟岔枕的位置。

组装平台直股一侧的边线与道岔的直股中心线平行，并预留岔枕的调整量。组装平台安装高程与道岔的设计坡度一致，并使岔枕就位后比设计高程低 10 mm。组装平台安装到位后，使各支撑点支撑牢固，防止倾斜。

（2）摆放岔枕：按顺序摆放短岔枕后，先定出直股最后一根岔枕位置（里程与中线偏差不超过 2 mm）。以第一根和最后一根岔枕为基线摆放岔枕。用钢尺控制，调整岔枕间隔，不得以岔枕间距累积测量，要特别注意牵引点处岔枕间距，一般情况不得小于图纸设计尺寸摆设。短岔枕安装距离允许偏差为±5 mm。采用水平尺检查相邻岔枕是否在同一平面，超标的立即改正。

（3）安装配件。

① 垫板安装。

按照道岔铺设图摆放轨枕上橡胶垫板，安放平垫板、滑床板、护轨垫板、支距垫板。

② 基尖轨组件安装。

a. 先摆放直基本轨及曲线尖轨组件，确认跟端支距垫板状态良好，拆除垫板防护罩。

b. 基本轨吊入垫板承轨槽，注意若后端滑床垫板入槽困难，可拆下前移，依次安装。

c. 确定基本轨前端位置，确定基本轨方向。

d. 确定基本轨的方向及岔枕方正，尽量不采用缓冲调距块调整。

e. 摆放曲基本轨及直线尖轨组件，注意前端与直基本轨端头的方正与位置。摆放顺序及要求同直基尖轨摆放。

f. 摆放直股钢轨。

7. 道岔粗调

道岔初调应遵循：先轨向、后轨距，先高低、后水平，先直向、后曲向，先整体、后局部的调整原则。调整时先调整直上股的几何状态，将上股的高程、方向调整至 0~3 mm 内，再通过轨距和水平调整直下股的方向、高程；侧向通过支距、轨距、水平的调整达到调整的目的。

（1）道岔轨距、支距调整。

① 确定直线尖轨固定端及跟端轨距。

② 调整直线尖轨与直基本轨密贴。

③ 从基本轨前端到道岔跟端，要求最大偏差不超过 2 mm。

④ 调整曲线尖轨密贴段至尖轨跟端支距，结合轨距调整、尖轨直线度调整，调整直线尖轨与曲基本轨密贴。

⑤ 曲股辙后支距垫板区域可以通过轨距块调整支距，曲股其他区域还可以通过缓冲调距块配合来调整支距。

（2）安装侧向支撑，对轨排横向进行调整。

① 道岔向定位后，利用竖向调节器、侧向支撑调节道岔水平和方向，并在长岔枕区域安装钢轨辅助支撑架（竖向调节器）。

② 用 L 尺对基标控制标高和方向进行调整，用万能道尺对水平高差进行调整。

（3）安装竖向支撑螺栓，对轨排标高进行调整。

① 用 L 型道尺逐点检查道岔轨面高程，确定道岔标高调整数值。

② 每 2 根轨枕在钢轨上安装 1 个，对称安装，辙岔部位需要适当增加。可与横向支撑同时安装，但不受力，待横向全部调节好后利用竖向调节器进行轨面水平调节。每根丝杆下需安装塑料套管。

③ 道岔标高调整到位后，进行钢轨连接。先以方尺方正左右股钢轨，再按照铺设图设计要求控制道岔全长符合。

8. 上层钢筋绑扎及钢筋焊接

道岔粗调、短岔枕安装完毕后，按设计要求进行钢筋下料、加工、安装。钢筋安装除满足一般规定（表 5-4）外，还需满足防杂散电流专业的要求，并注意相关预埋、预留钢筋的安装。

（1）每 12.15 m 区段各 1/3 处横向结构筋与交叉的所有纵向钢筋上下层均需焊接。

（2）上下层横向钢筋与架立筋同时应焊接为封闭圈。

（3）纵向钢筋 12.08 m，需要焊接均采用双面焊，搭接长度≤5d，焊接不烧伤、不咬边，焊缝要饱满，焊渣及时清除干净。

表 5-4　钢筋相关标准表

序号	调整项目	允许差值		检测方法	备注
1	钢筋焊接	双面焊接接头	长度 5d		尺量
		连接端子	≥6d		尺量
	保护层厚度	底面、侧面 35 mm		误差+10，−5 mm	尺量
		顶面 40 mm			尺量
	钢筋间距		误差±20 mm		尺量
	接地排流焊接	图纸要求			观察

9. 道岔精调

道岔精调的调整顺序依次为：轨向和轨距调整，高低和水平调整，道岔各部密贴及间隔调整、辊轮的安装与调整。

（1）轨向和轨距调整。

直上股钢轨轨向调整以旋转横向调节器螺杆进行调节，直下股钢轨的轨向通过调换轨距块控制轨距实现；曲上股的钢轨轨向通过调换轨距块控制支距实现，使尖轨检测点支距和导曲线支距允许偏差符合设计要求（±1 mm），曲下股的钢轨轨向通过调换轨距块控制轨距实现。

（2）高低和水平调整。

道岔高程、水平的调整主要通过旋转横向精调螺杆调整，调整以20 m弦测量的方式控制轨道高低，并通过万能道尺控制另一股钢轨的水平。

需要调整个别扣件位置钢轨的高低时，可以采用更换基本轨下的调高垫板的方式调整。

（3）尖轨垫板、辙叉心垫板及护轨垫板。

由于钢轨一侧为滑床台，所以不能通过钢轨另一侧与铁垫板挡肩间的轨距块进行钢轨左右位置的调整，只能通过移动滑床板和护轨垫板来进行轨距调整。具体调整可通过更换不同号码的缓冲调距块实现。

（4）密贴调整。

通过增减顶铁调整片，调整尖轨、心轨顶铁间隙，并同时与调整轨距、支距相结合，确保尖轨与基本轨密贴。

结合道岔高低、水平的调整，使尖轨或可动心轨轨底与台板间隙不超标。

（5）通过增减护轨后背垫片使护轨轮缘槽宽度满足要求，调整扣件缓冲轨距块和轨距块查照间隔满足要求。

（6）曲尖轨非工作边与直基本轨工作边的最小间距（曲尖轨支距）等须调整到位，不得大于设计允许偏差值。

当上述步骤调整到位后，用轨检小车测量，根据测量数据分析调整，直到精调合格，满足无砟道岔静态验收标准（表5-5）。

表 5-5　槽型轨道岔静态调整施工技术标准表

序号	调整项目	允许差值	检测方法	备
1	轨距	±1 mm	万能道尺、测量仪	—
2	支距	±2 mm	支距尺	—
3	轨距变化率	1/1000	—	—

序号	调整项目	允许差值	检测方法	备
4	水平	±1 mm	万能道尺、测量仪	—
5	水平变化率	±1 mm/5 m	—	扭
6	轨向	2 mm/10 m 弦	测量仪器	—
7	轨向	±1 mm/3 m（10 m）	测量仪器	—
		2 mm/10 m 弦	弦线	—
8	高低	2 mm/10 m 弦	弦线	—
9	高低（长平）	2 mm/10 m 弦	测量仪器	—

10.道床混凝土浇筑

（1）混凝土浇筑前检查。

①道岔二次精细调整到位后，必须在 12 h 内完成混凝土浇筑，若 12 h 内未浇筑混凝土的必须重新采集数据并调整道岔。

②精调完成后在道岔四周用警戒绳隔离，防止人员踩踏和设备碰撞。

③道岔区域外检查竖向调节器和道岔区域内定位调节螺栓丝杆塑料套管是否完好，如破损用胶带封好。

④进行模板（特别是转辙机坑）、钢筋保护层、接地端子检测以确保尺寸，保证后期使用。

⑤进行混凝土泵车泵送、捣固设备的工前检查，确保混凝土浇筑施工顺利进行。

⑥工电配合，检查预留转辙机和电务设备安装位置。

⑦清理岔区杂物后洒水湿润混凝土底座及轨枕，以利于界面结合。

⑧用彩条布或薄膜覆盖道岔全部钢轨和扣件，以免浇筑道床混凝土时污染。

（2）混凝土浇筑。

①混凝土浇筑前完成所有的准备工作，自检合格后进行混凝土施工。

② 在浇筑道床混凝土前检查混凝土拌和物的温度、含气量及坍落度是否满足要求。

③ 混凝土浇筑由道岔一端向另一端进行，由一个岔枕孔浇筑完成后且下一孔的混凝土已经冒出岔枕底，再浇筑下一空。渡线道岔应一次连续浇筑混凝土。

④ 混凝土浇筑过程中，在保证振捣密实的同时，随时检查道岔钢轨的固定装置，防止发生位移。

⑤ 混凝土入模后，插入振动棒振捣。振动棒必须作垂直点振，使用插入式振捣器，插点要均匀排列，逐点移动，不得拖拽、驱赶混凝土，顺序进行，不得遗漏，做到均匀振实；移动间距不大于振捣作用半径的 1.5 倍（一般为 30 ~ 40 cm）。

⑥ 在混凝土浇筑过程中，任何明显影响轨道线形的轨道临时支承移动，例如临时支承被重设备撞击断裂，混凝土浇筑必须马上停止，立即进行测量检查。

⑦ 混凝土必须按规范要求取样和实验，并在同等条件下养护。

⑧ 道岔前后过渡段施工。

道岔前后过渡段道床混凝土浇筑前，注意加强与无砟道岔和区间（或站线）无砟轨道的复测、联测工作，消除其偏差，在过渡段内调整好轨道的平顺，使轨道几何尺寸和平面位置偏差满足有关规范要求。

11. 整修、抹面、养护

道床混凝土表面以人工抹平，确保道床及转辙机基坑的顶面高程、平整度和排水坡度符合设计要求。第一次收抹大面，以轨枕面向下值为混凝土面控制收面高度，排水坡为 1%。收大面时尽量用木抹子拍打混凝土面，使石子下沉，提浆。收大面的标准为平整，不留抹子印，岔枕四周及混凝土边沿线性良好。第二次收面为压光，对第一次收面不到位的地方进行修饰。要求收面完后没有麻面、抹子印，表面光洁。收面次数以保证混凝土外观质量为准。

混凝土浇筑后，应及时覆盖和洒水养护。洒水次数应能保持混凝土的湿润状态。混凝土保温保湿养护期限应不少于 7 d。在道床混凝土养生期间，施工区严格封闭，严禁行人车辆通过。

12. 拆模

侧模应在混凝土强度达到设计要求，其表面及棱角不因拆模而受损时，方可拆模，拆模宜按立模顺序逆向进行，不得损伤混凝土，当模板与混凝土脱离后，方可拆卸、吊运模板。拆除模板时，不得影响或中断混凝土的养护工作。

5.4 施工质量标准

5.4.1 钢筋相关标准

单开道岔整体道床施工中钢筋相关标准见表 5-6。

表 5-6　钢筋相关标准表

调整项目		允许差值	检测方法	备注
钢筋	焊接	双面焊接接头	长度 5d	尺量
		连接端子	≥6d	尺量
	保护层厚度	底面、侧面 35 mm	误差+10，-5 mm	尺量
		顶面 40 mm		尺量
	钢筋间距		误差±20 mm	尺量
	接地排流焊接		图纸要求	观察

5.4.2　模板工程技术标准

单开道岔整体道床施工中模板工程的技术标准见表 5-7。

表 5-7　模板工程技术标准表

调整项目		允许差值	检测方法
模板安装 （内侧面）	高程	±5 mm	尺量
	宽度	±5 mm	尺量
	中线	2 mm	尺量
	平整度	2 mm	1 m 靠尺检查
	位置	±5 mm	尺量
	外观		观察

5.5　注意事项

5.5.1　安全注意事项

（1）按照"安全第一，预防为主"的方针，建立健全安全管理体系，强推安全生产责任制，配齐安全管理人员和安全物资，加强施工人员安全培训和生产过程的安全检查、改进。

（2）各工种上岗前，必须由项目技术负责人向作业人员进行安全技术交底，无安全措施和未进行交底的不得进行作业。

（3）进入施工现场必须佩戴安全帽，施工现场安全设施如围护、洞口盖板、防护罩、护栏等，不得擅自移动。

（4）因施工空间受限，每个作业人员要注意自身安全，穿戴好防护用品的同时还必须关注周围的作业人员、工具设备。施工中各道工序应保持适当间隔，避免相互干扰的同时还要保证必要的衔接与配合。

（5）拨移尖轨时应站稳，要有统一指挥，防止挤伤手脚。

（6）制定安全措施，"四新"技术使用首先进行安全评估。

5.5.2 环保注意事项

（1）建立以项目经理为首，由项目总工程师、项目副经理、项目各部门主要负责人等组成的现场文明施工组织管理机构。以项目副经理、项目作业负责人、现场施工员为文明施工负责人直接负责本项目工程现场文明施工管理工作。严格执行国家、红河州有关主管部门及业主的安全文明施工的管理办法，制定施工现场文明施工管理、施工场地管理、施工安全管理、工地卫生管理、环境保护管理、成品保护管理等实施细则。全过程跟踪、监督、指导、检查现场文明施工情况和有关文明施工措施的落实等，制定相应的奖惩措施，每周进行一次文明施工检查、考核，据此对有关人员进行奖罚。

（2）减少现场施工粉尘、弃渣、噪声及生活垃圾对周边环境造成的影响及行人、车辆对工程施工造成的干扰。

（3）注意运输车辆进出工地时，对扬尘洒水降尘，清洗残带泥土；选择低噪声发电机；设备修理、钢轨焊接产生的废油、金属废弃物等应集中处理，避免对周围土壤、水源造成污染。

（4）现场施工作业、生产及生活临时设施的布置均严格按照招标文件及施工图指定的区域进行。

（5）禁止在施工现场焚烧有毒、有害和有恶臭气味的物质，应将其运至环保部门指定地点进行处理。

第6章 型钢轨焊接施工技术

6.1 槽型轨铝热焊施工技术

◇ 适用范围

适用于道岔区、车辆段以及施工作业面较小的路段。

◇ 作业内容

槽型轨铝热焊接。

◇ 施工技术参照标准

[1]《铁路轨道工程施工质量验收标准》（TB 10413—2003）

[2]《钢轨焊接第一部分：通用技术条件》（TB/T 1632.1）

[3]《钢轨焊接第三部分：铝热焊接》（TB/T 1632.3）

6.1.1 作业准备

1. 准备工作要点

（1）铝热焊一次性材料包括：铝热焊剂、一次性坩埚、铝热焊砂型、高温火柴及封箱砂，如图 6-1 所示。

（2）辅助工具主要包括：1 m 直尺、尖点塞尺、钢楔、坩埚盖、灰渣盘、丙烷表、氧气表等。

（3）主要机具包括：推瘤机、槽型轨打磨机、槽型轨切割机等，如图 6-1 所示。

（a）铝热焊剂

（b）一次性坩埚

（c）铝热焊砂型

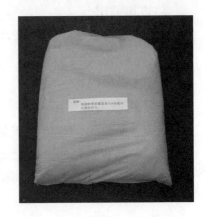

（d）封箱砂

图 6-1　铝热焊一次性材料

（4）施工准备工作。

焊轨作业人员必须拥有资质证书，了解各项技术要求，使用的焊接设备、施工材料均符合规范要求。

2. 动力准备

槽型轨铝热焊施工劳动力组织见表 6-1。

表 6-1 劳动组织表

序号	工种	数量	备注
1	技术员	2人	技术指导
2	质量员	1人	质量管理
3	安全员	1人	安全管理
4	钢轨焊接特种作业	4人	焊接操作
5	普工	8人	对轨、打磨等操作

3. 机具准备

槽型轨铝热焊施工所需机具见表6-2。

表 6-2 施工机具表

序号	设备名称	规格	数量	备注
1	汽油发电机	7.5 kW	2台	打磨时供电
2	锯轨机	K1250	2台	锯轨
3	角磨机	—	4台	焊前2台，焊后2台
4	手提直柄砂轮	—	4台	焊前打磨2台，焊后打磨2台
5	仿形打磨机	—	4台	粗打磨2台，精打磨2台
6	光电测温仪	—	2个	检测正火温度
7	平板推车	—	1辆	场内施工机具运送
8	正火设备	—	2套	正火处理
9	电子平直仪	—	1台	检测平直度
10	端面打磨机	—	3台	打磨
11	平板车	—	1辆	运工机具

序号	设备名称	规格	数量	备注
12	轨温计	—	2个	测量轨温
13	超声波探伤仪	—	1套	探伤
14	翻轨器	—	8套	翻轨
15	灭火器	—	2瓶	防火

4. 设备材料

槽型轨铝热焊施工所需设备材料见表6-3。

表6-3 设备材料表

序号	材料名称	单位	数量	要求
1	380 V手持砂轮机砂轮片	片	2	具备合格证、使用说明书
2	220 V手持砂轮机砂轮片	片	2	具备合格证、使用说明书
3	端磨机砂轮片	片	2	具备合格证、使用说明书
4	仿形打磨机砂轮片	片	2	具备合格证、使用说明书
5	砂布	张	2	具备合格证、使用说明书
6	耦合剂	瓶	2	具备合格证、使用说明书
7	雨布	张	2	具备合格证
8	插头、插座（380 V）	个	2	具备合格证
9	线板、插头（220 V）	个	2	具备合格证
10	砂轮机用电缆	卷	2	具备合格证、使用说明书
12	电子平尺	把	1	具备合格证、使用说明书
13	测温仪	座	1	具备合格证、使用说明书
14	坩埚	支	2	具备合格证、使用说明书

6.1.2 施工技术标准

槽型轨铝热焊施工技术标准见表6-4。

表 6-4 轨道相关数据要求表

序号	检查项目		要求
1	几何尺寸	轨距偏差	1435 mm，允许偏差-1～+2 mm且变化率不大于1‰
2		水平偏差	不大于2 mm
3		扭曲偏差	不大于2 mm（基长6.25 m）
4		轨向偏差	不大于2 mm/10 m弦长
5		高低偏差	不大于2 mm/10 m弦长
6		中线偏差	不大于2 mm
7		高程偏差	-0.5 mm～+0.5 mm
8	焊接接头平直度	轨顶面	0～0.3 mm
9		轨头内侧	-0.5 mm～+0.5 mm
10		轨底面	0～0.5 mm

6.1.3 施工工序流程

1. 施工工艺流程（图6-2）

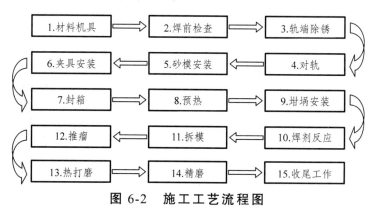

图 6-2 施工工艺流程图

2. 操作要点

（1）钢轨焊前检查。

① 用轨距尺检查轨道的平直度和表面情况，检查左右股槽型轨焊缝偏差。

② 检查槽型轨端头有无裂缝、倾斜或其他缺陷，当轨端有低接头时必须锯掉低接头，有大于 2 mm 深的掉角等必须锯除。

③ 干燥轨端，去除表面水分。

（2）松解扣件及钢轨端头除锈打磨。

① 用带有钢丝刷的角磨机和直磨机或者仿形打磨机，对焊接端部、两侧、轨头、轨底及凹槽部位的锈污进行打磨清洁。

② 打磨范围为距轨端 100 ~ 150 mm 以内，特别要重视轨底、凹槽及轨头下颚的清洁，轨端锯轨时，不垂直度小于 0.8 mm。

③ 焊轨前，将钢轨扣件松开，顶升钢轨，放置滚筒和垫木，对焊钢轨端头及焊轨机钳口部位与钢轨接触处端面采用抛光轮进行除锈打磨，打磨深度不得超过母材 0.2 mm。

（3）焊接钢轨端面检查。

对焊接钢轨端面进行垂直度检查，凡超过 0.5 mm 的，应对钢轨端面打磨机进行打磨，直至符合要求。待焊钢轨端面及钢轨与闪光焊机电极接触部位，应打磨除锈，轨腰一侧打磨长度不大于 500 mm；打磨面在钢轨待焊时间超过 24 h 或打磨后有水、油、污垢污染时，应重新打磨处理。

（4）对轨调整与钢轨焊接。

① 轨缝调整：在轨头和轨底的两侧进行测量，同等条件下，轨缝间距须满足 25 mm±2 mm。

② 尖点对正：将 1 m 直尺的中点与焊缝缝隙中点重合，用钢楔子或者对轨架进行高度调节，使焊缝两侧 0.5 m 处轨顶面与直尺的间隙为 1.5 ~ 2 mm。

③ 水平对直：用 1 m 直尺分别紧贴槽型轨的工作边、轨底板边缘，

必须做到工作边、轨底板边缘水平对正，如图 5-4 所示。同时，以 1 m 直尺测量两轨平顺度，错边不大于 0.2 mm。

（5）砂模安装。

① 检查砂模见图 6-3，砂模应无受潮、无裂纹、无变形，各组件完整，状态良好，有裂痕或受潮的砂模不得使用。

图 6-3　砂模安装

② 对砂模浇注孔略作修整，防止高温时砂粒脱落。

③ 将砂模与槽型轨接触面进行摩擦，使砂模与之结合部位密贴。

④ 试放分流塞，使分流塞在砂模中高低松紧合适，安装侧模时，倾斜 45°。

⑤ 严格控制砂模与槽型轨的吻合度，否则易发生钢水泄漏的严重后果。

⑥ 底模要严格对中，并与槽型轨紧贴。

⑦ 砂模浇注孔要与左右轨角对称，以确保两侧轨底受热均衡。

⑧ 砂模中央与轨缝中央一致，砂模与槽型轨垂直，两片砂模要对齐，不得错开，同时在底部放入白卡纸，使模具与槽型轨连接紧密。

（6）夹具安装。

① 夹具装置安装要与轨面平行。

② 在调整预热枪高度时，首先要调整预热枪与轨面垂直，枪嘴与轨面平行。

③ 用多用塞尺测定夹具安装位置，并调整定位预热枪的高度，预热枪头到轨面的高度为 40 mm。

④ 在扭紧夹具时，应由一人完成，均匀夹紧。

（7）封箱。

① 封箱分两步进行，首先对各缝隙关键部位压紧封砂，打好基础。

② 整体封箱并用捣实棒捣实。

③ 封箱完成后，焊接负责人应该检查封箱是否达到要求，以确保焊接质量。

④ 封箱时要盖上砂型盖，防止砂粒落入砂型中形成夹渣。

⑤ 两侧模板之间的砂要高于砂型模板，防止钢水从两侧流出。

⑥ 封箱先从轨底开始，从下往上按顺序进行。

（8）预热。

① 工作压力控制：氧气和丙烷的工作压力分别是 3.5 Pa 和 1.0 Pa，如果使用的是氧气和乙炔气，其工作压力也分别是 3.5 Pa 和 1.0 Pa。在调压过程中，首先将氧气打开，而后开启并调节丙烷压力与流量，调节预热枪火焰，见图 6-4。

图 6-4　轨头预热

② 预热火焰的调节：先稍开氧气阀门，再打开燃气阀门，然后点

火，逐渐交替打开两个阀门，直至氧气阀门完全打开为止，再通过调节丙烷阀门来调节火焰大小，使火焰的长度保持在 15～20 mm，火焰为中性焰，如图 6-5 示，预热枪头应距轨头 40 mm。

③ 在预热过程中，应该密切关注轨头受热颜色变化过程，轨腰预热完成的温度为 950～1000 ℃，其颜色为鲜红色，预热时防止轨端烧熔。

④ 预热枪头须调至轨缝中央，以保证预热效果。

⑤ 预热完后，先关丙烷，枪头朝上，注意安全。

图 6-5　中性焰

（9）坩埚安装。

① 清除坩埚内的杂物，易熔塞表面须保持干净。

② 从焊剂包装中取出焊剂，混合均匀后（反复倾倒三次），将焊剂旋转倒入坩埚中，并使其顶部形成锥形。

③ 插入高温火柴，盖上坩埚盖。

④ 预热完成后，立即放入分流塞并将坩埚安置在砂模侧模板顶部定位槽内。

⑤ 高温火柴要保持干燥，且不得放置于身上。

⑥ 高温火柴长度的 2/3 插入焊剂中。

（10）焊剂高温反应。

① 焊剂反应时间：8~15 s；镇静时间：8~18 s（若大于 30 s，则燃烧不均匀）。

② 灰渣流入灰渣盘后用砂覆盖，然后清除轨脚处的封箱砂，这样有利于轨脚排气减少和避免轨脚气孔，从而提高焊头的质量。

③ 反应完成后，如果钢水不能漏入砂模中，应该让钢水在坩埚中冷却 20 min 后才能移动坩埚。

④ 焊剂反应及浇铸过程中，操作者应该距离坩埚 3 m 以上的距离，确保人身安全，如图 6-6 所示。

图 6-6　焊剂高温反应

（11）拆模。

① 浇铸完成 1 min 后，移去坩埚，并将其放在安全的地方。

② 移去灰渣盘，并将灰渣倒入坩埚中，保持环境干净。

③ 浇铸完成后，先拆除侧模板和夹紧装置，再拆除底模板。

④ 在拆模过程中要小心，不要将砂模一起脱下，影响焊缝内部结晶。

⑤ 拆模后，及时将轨面清理干净，防止推瘤时残渣拉伤轨面。

⑥ 推瘤前砂型一定要打掉。

（12）推瘤。

① 推瘤前将槽型轨表面的封箱砂及其他杂质清扫干净。

② 浇铸完成 6.5 min 以后开始推瘤，如图 6-7 所示。

图 6-7 推瘤

③ 严格控制推瘤时间，推瘤过早会因为焊头硬度不够而拉伤轨面，而推瘤过迟则会给推瘤带来困难。

④ 打掉浇铸棒时，要注意敲击方向，不能由内向外敲击。

（13）热打磨。

① 推瘤完成后，即可进行粗打磨，焊后接头温度降低到 300 ℃以下才能放车通行，如图 6-8 所示。

图 6-8 打磨

② 打磨焊头使其轮廓与两侧槽型轨相同。

③ 打磨后，焊头处的凸出量不小于 0.5 mm。

④ 外观及探伤检查：清理焊缝两侧各 100 mm 范围，确定无锈、无裂纹、无毛刺等后再涂抹机油，进行全端面探伤，如图 6-9 所示。

图 6-9　焊缝探伤

⑤ 焊缝两侧 100 mm 范围内不得有明显的压痕、碰伤、划伤等缺陷。

⑥ 当轨温降至 40 ℃ 以下时才可进行探伤。

⑦ 不合格焊头须切掉重焊。

（14）精磨。

① 探伤合格后进行焊头精打磨，打磨位置包括轨顶及内侧工作面、轨底上表面、轨底。

② 精磨应分多次精磨到位，平直度检测见图 6-10。

图 6-10　平直度检测

③ 打磨后槽型轨表面整体平齐。

④ 经打磨后的焊接接头轨头部位不得出现裂纹、未熔合，并且气孔数不应大于 1 个，气孔尺寸不应大于 1 mm。

（15）收尾工作。

① 检查焊好的接头，做好原始记录并编写焊接序号。

② 恢复拆除的道岔扣件，并进一步清理焊接现场。

③ 把灰渣、废钢料、砂模等清理干净，装入坩埚中，在离开的时候带到指定的场所处理。禁止将其乱丢，造成污染。

6.1.4　施工质量标准

1. 施工质量要求

槽型轨钢轨铝热焊接质量要求符合《钢轨焊接 第 3 部分：铝热焊接》（GB/T 1632.3—2014）中第 3.5.1 条表 1 的规定。

2. 质量保证措施

（1）焊接接头经外形精整后，以焊缝为中心的左右各 500 mm 范围内，轨顶面的表面平整度满足：在任意 200 mm 区段内不大于 0.2 mm，焊接接头及附近槽型轨表面不应有裂纹、明显压痕、划伤、碰伤、电极灼伤、打磨灼伤，打磨灼伤等伤损。对母材的打磨深度宜小于 0.5 mm。

（2）无缝线路内部槽型轨接头的焊接宜在设计锁定轨温范围内进行。焊接现场需配备气温表一块，轨温表两块（一块放置于槽型轨向阳面，另一块置于背阴面），取两块轨温表之和的平均值为槽型轨轨温。无缝道岔与相邻无缝线路的联焊应在设计锁定轨温范围内进行，温差不得超过±5 ℃。

（3）无缝线路槽型轨焊接应在轨面高程、轨向和水平达到设计标准后，方可焊接，并准确记录实际锁定温度。

（4）测量应以焊缝中心线两侧 500 mm 位置的槽型轨表面作为基准点，测量长度 1 m，焊缝居中。

（5）槽型轨焊头进行超声波探伤检查，焊头不得有未焊透、过烧、裂纹、气孔夹渣，质量满足《钢轨焊接　第 1 部分：通用技术条件》（TB/T 1632.1—2014）和《工务作业　第 21 部分：钢轨焊缝超声波探伤作业》（TB/T 2658.21—2007）的要求。

6.1.5　注意事项

1. 安全注意事项

（1）加强施工过程中的安全检查，实现标准化、规范化作业。

（2）制定结合蒙自市区施工现场作业下的安全防范措施与施工操作要点，在施工中严格执行。

（3）所有机械操作人员及配合施工人员要穿戴防护用品，防止烫伤，保证作业安全。

（4）每道工序开工前，对施工班组进行安全技术交底，并在施工过程中严格执行落实。

（5）氧气、丙烷的存放、运输、使用，必须遵照国家易燃易爆物品使用管理条例执行。氧气、丙烷（乙炔）安全距离为 7.5 m，丙烷瓶、氧气瓶等应布置在焊接和切割火焰的上风和侧风向，禁止布置在火焰的下风。燃气瓶必须站立放置，禁止倒放。

（6）高温火柴与焊剂要分开放，绝不能放在衣袋里。

（7）焊剂、坩埚、砂模要严格防潮，正在反应的焊剂及高温装置不能和水接触。同时，不能用水性灭火剂，应该用干砂或者干粉灭火器。

（8）确保燃气装置没有泄漏（可使用肥皂水检测），并且必须配置防止回火阀。如果发生回火，先立即关闭氧气阀门，后关闭丙烷阀门。

（9）钢轨打磨时应戴护目镜，没有安全防护不能使用打磨装置，要注意隔离打磨产生的火花。

（10）加热过后的钢轨，严禁身体各部位碰及，以防烫伤。

（11）打磨前应检查打磨机是否漏电，运转是否良好，如有异常应进行维修，严禁私拉乱接，避免发生人身伤害事故。

2. 环保注意事项

（1）施工期间所产生的污染物、生活垃圾必须及时处理，处理应符合国家和地方有关环保现行法规规定和施工图要求。

（2）施工时间尽量安排在白天进行，避免给当地居民造成噪声和光污染的影响。

（3）各施工生产活动严格按照有关的规程规范作业，杜绝野蛮施工和盲目施工，施工现场应设有操作规程和安全标志。

（4）工程完工后，按要求及时拆除所有工地围栏、安全防护设施和其他临时设施，并将工地及周围环境清理整洁，做到工完、料净、场地清。

（5）反应生成的铝渣要放到反应过的坩埚中，不要随处乱丢，否则污染环境，也易引起火灾。

6.2　槽型轨闪光焊接施工技术

◇　适用范围
适用于现代有轨电车工程槽型轨正线钢轨及长轨条焊接。
◇　作业内容
槽型轨接触焊接。
◇　施工技术参照标准
[1]《城市轨道交通技术规范》（GB 50490—2009）
[2]《钢轨焊接　第 2 部分：闪光焊接》（TB/T 1632.2—2014）
[3]《工务作业　第 21 部分：钢轨焊缝超声波探伤作业》（TB/T

2658.21—2007）

[4]《铁路轨道工程施工质量验收标准》（TB 10413—2003）

[5]《铁路工程基本作业施工安全技术规程》（TB 10301—2009）

[6]《铁路轨道工程施工安全技术规程》（TB 10305—2009）

[7]《城市轨道用槽型钢轨闪光焊接质量检验标准》（CECS 429：2016）

[8]《环境管理体系　要求及使用指南》（GB/T24001　ISO14001：2015）

[9]《铁路应用-轨道-专用铁路-凹槽和相关建筑》（DIN EN 14811—2010）

6.2.1　作业准备

1. 准备工作要点

（1）轨道焊接型式试验。

钢轨现场焊接工作之前必须提前做型式试验，确定焊接参数后才能开展现场钢轨焊接工作。槽型轨型式试验见图 6-11。

图 6-11　槽型轨型式试验

（2）施工准备工作。

焊轨作业人员必须拥有资质证书，了解各项技术要求，使用的焊接设备、施工材料均符合规范要求。

2. 动力准备

槽型轨闪光焊接施工劳动力组织见表 6-5。

表 6-5   劳动力组织表

序号	岗位	数量/人	备注
1	现场管理员	1	现场协调管理
2	技术员	2	测量控制
3	安全员	1	安全管理
4	质量员	1	质量管理
5	切轨、轨道除锈	4	—
6	对轨	4	—
7	打磨、烤推刀	4	—
8	焊机操作	2	—
9	焊头正火、调直	4	—
10	外观检查、超声波探伤	2	—

3. 机具准备

槽型轨闪光焊接施工所需机具见表 6-6。

表 6-6   施工机具表

序号	设备名称	规格	数量	备注
1	汽油发电机	7.5 kW	2 台	打磨时供电
2	锯轨机	K1250	2 台	锯轨

序号	设备名称	规格	数量	备注
3	角磨机	—	4台	焊前2台，焊后2台
4	手提直柄砂轮机	—	4台	焊前打磨2台，焊后打磨2台
5	仿形打磨机	—	4台	粗打磨2台，精打磨2台
6	光电测温仪	—	2个	检测正火温度
7	平板推车	—	1辆	场内施工机具运送
8	正火设备	—	2套	正火处理
9	电子平直仪	—	1台	检测平直度
10	端面打磨机	—	3台	打磨
11	焊轨车	—	1辆	焊轨
12	平板车	—	1辆	运工机具
13	轨温计	—	2个	测量轨温
14	超声波探伤仪	—	1套	探伤
15	翻轨器	—	8套	翻轨
16	灭火器	—	2瓶	防火

4. 设备材料

槽型轨闪光焊接施工所需设备材料见表6-7。

表 6-7 设备材料表

序号	材料名称	数量	备注
1	380V手持砂轮机砂轮片	根据现场实际情况	具备合格证
2	220V手持砂轮机砂轮片	根据现场实际情况	具备合格证
3	端磨机砂轮片	根据现场实际情况	具备合格证

序号	材料名称	数量	备注
4	仿形打磨机砂轮片	根据现场实际情况	具备合格证
5	砂布	根据现场实际情况	—
6	石笔	根据现场实际情况	—
7	耦合剂	根据现场实际情况	具备合格证
8	雨布	根据现场实际情况	—
9	插头、插座（380 V）	8套	具备合格证
10	线板、插头（220 V）	8套	具备合格证
11	砂轮机用电缆	根据现场实际情况	具备合格证
12	棕纱绳（9 mm）	根据现场实际情况	具备合格证
13	钢丝绳（9mm）	根据现场实际情况	具备合格证
14	电子平尺、测温仪	各2个	具备合格证

6.2.2 施工技术标准

轨道相关数据见表6-8。

表 6-8 轨道相关数据要求表

序号	检查项目		要求
1	几何尺寸	轨距偏差	1435 mm，允许偏差 -1～+2 mm 且变化率不大于 1‰
2		水平偏差	不大于 2 mm
3		扭曲偏差	不大于 2 mm（基长 6.25 m）
4		轨向偏差	不大于 2 mm/10 m 弦长

序号	检查项目		要求
5		高低偏差	不大于 2 mm/10 m 弦长
6		中线偏差	不大于 2 mm
7		高程偏差	−0.5 ~ +0.5 mm
8	焊接接头平直度	轨顶面	0 ~ 0.3 mm
9		轨头内侧	−0.5 ~ +0.5 mm
10		轨底面	0 ~ 0.5 mm

6.2.3 施工工序流程

1. 工序流程图

槽型轨闪光焊接施工工序流程见图 6-12。

2. 操作要点

（1）钢轨焊前检查。

① 焊接前对钢轨端部尺寸进行复核，要求轨头工作面错位偏差不大于 0.3 mm，钢轨两端 1 m 范围内垂直面及平面不直度不大于 0.5 mm。

② 焊接前轨温不宜低于 10 ℃，锁定焊接需要插入短轨时，插入的短轨长度应大于 6 m，材质与原钢轨相同。

（2）松解扣件及钢轨端头除锈打磨。

① 焊轨前，将钢轨扣件松开，顶升钢轨，放置滚筒和垫木，对焊钢轨端头及焊轨机钳口部位与钢轨接触处端面采用抛光轮进行除锈打磨，打磨深度不得超过母材 0.2 mm。

② 如在钢轨端部 670 mm 范围内有出厂标志的，应打磨至与轨腰平齐，不得有任何凸出，防止损伤钳口。

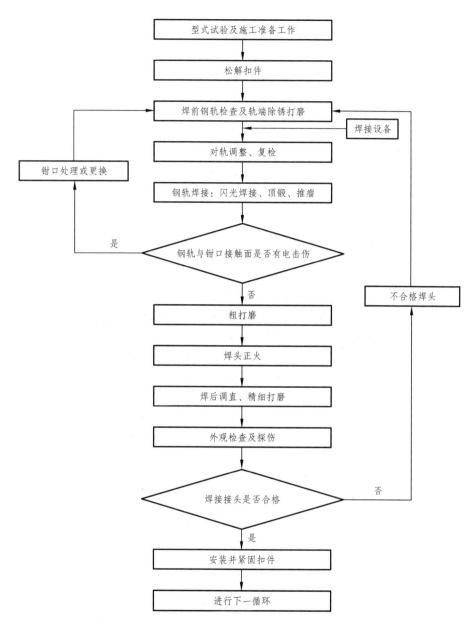

図 6-12 施工工艺流程图

（3）焊接钢轨端面检查。

对焊接钢轨端面进行垂直度检查，凡超过 0.5 mm 的，应对钢轨端面打磨机进行打磨，直至符合要求。待焊钢轨端面及钢轨与闪光焊机电极接触部位，应打磨除锈，轨腰一侧打磨长度不超过 500 mm；打磨面在钢轨待焊时间超过 24 h 或打磨后有水、油、污垢污染时，应重新打磨处理。

（4）对轨调整与钢轨焊接。

①钢轨面及钳口部位打磨符合要求后，方可进行焊轨作业。先在滚筒上进行对轨并调整高低和方向，使焊缝对正焊轨机钳口中心位置，检查两根钢轨的左右和高低错牙，均不得超过 0.5 mm。

②确认钢轨对中后，启动液压系统夹紧钢轨，开始焊接程序，经过各个闪光焊接阶段后进行顶煅、推瘤作业。闪光焊接作业见图 6-13。

图 6-13　槽型轨闪光焊接作业

③焊接结束后，移开焊轨机夹头，迅速除去推瘤焊渣，并对焊机各部位和焊接接头进行检查，同时清洁焊机内部和钳口。如果钢轨与钳口接触处有电击伤，则该焊头判定为不合格，需切掉重焊，同时对钳口进行处理，直至更换钳口。

④根据推瘤余量进行粗打磨，要求接头轨底面、非工作面的打磨余量在 0~5 mm 内，满足焊头正火要求，不得将表面打亏，以免出现发黑、发蓝现象。

⑤合格的焊头根据数据采集系统的屏显号码统一进行编号，对相

关数据进行收集、整理、存档。将编号标识在距焊头 1~3 m 的同侧轨腰上，大小与钢轨轨腰匹配。

（5）焊头正火与焊后调直。

① 通过控制箱快速调节乙炔、氧气的输出压力和流量，调节加热器的位置，使焊接接头处于加热器的摆动中心，摆动幅度不小于 60 mm。

② 正火作业前焊接接头表面温度应低于 500 ℃，然后用氧气乙炔加热器将焊缝温度加热到 850~950 ℃，同时应在接头预留一定程度的起拱量，起拱量应限制在 0.3~0.8 mm 内，正火温度采用红外测温仪控制，并做好正火记录。

③ 钢轨焊缝正火后，待温度低于 300 ℃ 时，进行焊后调直。调直后的钢轨应满足钢轨线型要求，焊接接头平直度允许偏差：垂直方向 0~0.3 mm，水平方向 -0.5~+0.5 mm。

（6）槽型轨闪光焊接接头打磨。

焊后调直后，用仿型打磨机进一步对焊缝中心线两侧各 450mm 范围进行精细打磨。

（7）槽型轨闪光焊接结果检查。

① 槽型钢轨焊接后，应对焊接接头全断面进行超声波探伤，并填写探伤记录。记录应包括探伤人员、探伤日期、仪器、探头、焊接接头编号、测试数据、探伤结果及处理意见。

② 焊接接头探伤在推凸、打磨和热处理以后进行，接头温度应冷却至 40 ℃ 以下或在自然轨温。

③ 扫查前检查探测面表面状态，应无锈蚀和焊渣，打磨面应平顺、光滑，打磨范围应能满足探伤扫查的需要。

④ 超声波探伤仪和探头技术要求应符合《钢轨焊接》（TB/T 1632—2014）和《工务作业　第 21 部分：钢轨焊缝超声波探伤作业》（TB/T 2658.21—2007）中的规定，探伤用探头回波频率大于等于 4MHz。

⑤ 探伤前应对探测系统进行校准，试块及探伤灵敏度校准应符合《钢轨焊接》（TB/T 1632—2014）和《工务作业　第 21 部分：钢轨焊

缝超声波探伤作业》（TB/T 2658.21—2007）中的规定。

⑥ 使用双探头或单探头对轨头、轨腰、轨底分别进行探测。探伤作业现场见图 6-14。

图 6-14　超声波检测槽型轨闪光焊接接头

⑦ 探伤时，可在探伤灵敏度的基础上再提高 4～6 dB 进行扫查。

⑧ 焊接接头中的缺陷当量大于探伤灵敏度规定值时，应判定焊接接头不合格（判废），需切掉重焊。

（8）安装并紧固扣件。

上述工序完成后，将焊轨前松解或拆除的扣配件依次安装、紧固和检查，满足相关要求后进行下一工序循环作业。

6.2.4　施工质量标准

1. 施工质量要求

槽型轨钢轨闪光焊接质量要求应符合《钢轨焊接　第 2 部分：闪光焊接》（GB/T 1632.2—2014）中第 3.5 条表 2 的规定。

2. 质量保证措施

（1）为保证所有钢轨接头具有同样高的焊接质量，钢轨焊接选用移动式接触焊轨机进行现场钢轨焊接。焊接作业严格按规范要求进行作业。

（2）焊轨前必须按《钢轨焊接接头技术条件非热处理钢轨》（TB/T 1632—2014）中有关规定进行型式检验，确定焊机工艺参数，检验合格后方可施焊。

（3）按规范要求进行钢轨焊接端头处理。

（4）焊接后的钢轨接头符合《钢轨焊接 第1部分：通用技术条件》（TB/T 1632.1—2014）的要求。

（5）每焊接 500 个钢轨接头，应做周期性检验，合格后方可继续施焊。

（6）焊接后应进行打磨，打磨后的焊接接头应保证用 1m 直尺检查轨顶面矢度在 0～0.5 mm 内，轨头工作边矢度不超过 0.5 mm，并要求轨底打磨平整，轨底不允许有凹陷，凸出量不得超过 0.5 mm。

（7）按《钢轨焊接 第1部分：通用技术条件》（TB/T 1632.1—2014）规定进行探伤检查，保证焊头 100%合格。

（8）所有材料、半成品和成品均执行公司的相关作业指导书，以保证其得到恰当搬运、贮存和保护。

（9）钢轨、扣件、轨枕等原材料在现场设立贮存场地和库房，制定验收、贮存、保护、检查和发放的管理办法，防止产品交付前的损坏和变质。

6.2.5　注意事项

1. 安全注意事项

（1）进入施工现场必须佩戴安全帽，施工现场安全设施如围护、洞口盖板、防护罩、护栏等，不得擅自移动。

（2）在调整轨位时，整体移动钢轨时应设专人指挥，统一口令，做到动作一致，相互间应保持一定的安全距离，防止工具伤人，横、纵向移动时注意道岔与身体的距离，防止碰伤。

（3）翻动钢轨时，必须使用翻轨器，严禁使用撬棍翻轨，施工人员要站在安全地带。

（4）启动焊接设备时，必须有技术人员指导，技术人员不在场时，其他人员不得私自调试焊接设备。

（5）接触焊焊机使用要严格遵守安全操作规程。

（6）打磨、正火作业时，操作人员必须佩戴护目镜。拆卸焊机时要戴石棉手套，防止烫伤。

（7）乙炔瓶、氧气瓶的使用、运输和保管必须严格执行气瓶运输、储存使用安全技术规程。氧气与乙炔的间距应保持在 5 m 以上，气瓶与焊接作业点间距应保持在 10 m 以上，严禁在易燃易爆物品 15 m 内进行焊接作业。

（8）施工现场必须配备灭火器材，并进行培训交底，确保人人会用。焊轨作业中须严防火灾事故发生，每日作业结束后，必须在严格检查确保无火险隐患后方可离开现场。

（9）焊轨施工作业时，不得影响其他线路施工。存放物品不得侵限。施工人员未经施工负责人允许，禁止到非施工区域。

（10）施工现场的用电线路、设施的安装和使用必须符合安装规范和操作规程，并按施工组织要求进行架设，严禁随意拉线接电。

2. 环保注意事项

（1）现场施工按照《环境管理体系 要求及使用指南》（GB/T 24001 ISO14001：2015）的规定对现场进行环境管理。

（2）钢轨焊接尽量安排在白天进行，避免给当地居民造成噪声和光污染的影响。

（3）尽量降低因闪光焊接产生的粉尘、噪声及生活垃圾对周边环境造成的影响及行人、车辆对工程施工造成的干扰。

（4）切实做好路面及原有植被的恢复，保持城市原有环境风貌的完整和美观。

（5）现场施工作业、生产及生活临时设施的布置均严格按照招标文件及施工图指定的区域进行。

（6）禁止在施工现场焚烧有毒、有害和有恶臭气味的物质，应将其运至环保部门指定地点进行处理。

第7章　无缝线路应力放散与锁定施工技术

◇ 适用范围

本章适用于现代有轨电车槽型轨轨道工程无缝线路应力放散与锁定施工作业。

◇ 作业内容

包括锁定焊接、拆除扣件、安装滚轮及撞轨器、钢轨焊接、设置临时位移观测点、测量轨温、撞击钢轨、拆除滚筒及撞轨器、锁定线路、设置永久位移观测标示、定期观测位移量等。

◇ 施工技术参照标准

[1]《铁路轨道工程施工质量验收标准》（TB 10413—2003）

[2]《铁路轨道设计规范》（TB 10082—2005）

[3]《铁路轨道工程施工安全技术规程》（TB 10305—2009）

[4]《铁路无缝线路设计规范》（TB 10015—2012）

[5]《无缝线路铺设及养护维修办法》（TB/T 2098—2007）

[6]《高速铁路轨道工程施工技术指南》（铁建设〔2010〕241号）

7.1　作业准备

7.1.1　准备工作要点

（1）应力放散和锁定是无缝线路施工过程中的关键技术之一，涉及线路较长，所需人员多，施工要求严格，因此须设专人负责协调各施工工序。

（2）应组织有关人员进行学习，熟悉相关施工规范及标准，制定安全保证措施，施工前按要求对作业人员进行安全技术交底。

（3）施工前，应收集近期气温资料，及时了解钢轨温度的变化情况，根据设计锁定轨温，综合考虑，确定放散锁定工作的具体时间。

（4）蒙自市属亚热带高原季风气候，四季不甚分明，年平均气温 18.6 °C，温差变化范围较小，但在冬季低温天气下，蒙自气温局部会低至 2~3 °C。因此本工程无缝线路应力放散与锁定采用滚筒法和综合放散法相结合进行轨道应力放散与锁定施工。

（5）制定施工安全保证措施，编制应急预案。

7.1.2 劳动力准备

无缝线路应力放散与锁定施工劳动力组织见表7-1。

表 7-1 每个锁定区间劳动力组织表

序　号	岗位	数量/人	作业内容	备注
1	施工管理人员	2	现场协调	
2	技术员	2	质量控制	
3	班组长	1	组内作业	
4	扣件拆装人员	12	拆除、锁定	
5	滚筒安放人员	5	应力放散	
6	位移观测	10	位移观测	
7	拉轨人员	2	拉轨器操作	
8	撞轨作业人员	4	安装及撞轨	
9	钢轨焊接打磨人员	7	钢轨焊接、打磨	
10	探伤人员	2	接头探伤	
	合计	47		

7.1.3 机具准备

无缝线路应力放散与锁定施工所需机具见表 7-2。

表 7-2 每个锁定区间施工机具配备表

序 号	工具名称	数 量	用 途
1	对讲机	6 台	沟通协调
2	起道机	5 台	起落钢轨
3	撬棍	7 把	撬动钢轨
4	电动螺栓扳手	7 台	安拆扣件
5	丁字扳手	8 把	安拆扣件
6	手锤	10 把	辅助敲击钢轨
7	拉轨器	2 台	拉伸轨道
8	撞轨机	4 套	撞击轨道
9	滚轮	250 个	使钢轨自由伸缩
10	电子数显轨温计	8 块	测量轨温
11	移动式发电机	3 台	提供电源

7.2 施工技术标准

7.2.1 单元轨节布置

单元轨节是由若干数量的标准轨经过焊接而形成的具有一定长度的无缝轨节。根据工程实践，长度宜为 1~2 km。本工程地处蒙自市区，考虑到弯道较多、路面起伏较大等特殊情况，因此在正线区间内按 1 km 为一个单元轨节。

7.2.2 锁定轨温

（1）施工锁定轨温低于设计锁定轨温，并不低于 5 ℃ 时，适用综合放散法；施工锁定轨温在设计锁定轨温范围内时，适用滚筒法；施工锁定轨温高于设计锁定轨温时，禁止锁定。

（2）前后相邻的单元轨节以及同一单元轨节左右股钢轨锁定轨温应一致，同一单元轨节左右股钢轨锁定轨温差值应控制在 3 ℃之内，前后相邻的单元轨节锁定轨温差值应控制在 5 ℃之内。

（3）同一区间内单元轨节的最高与最低锁定轨温之差不得大于10 ℃。

7.3 施工工序流程

7.3.1 工序流程图

无缝线路应力放散与锁定施工工序流程见图 7-1。

7.3.2 滚筒法施工操作要点

1. 应力放散与锁定作业示意（图 7-2）

2. 拆除扣件、安装滚轮及撞轨器

（1）松开前放散单元轨节末端 25 m 范围内以及待放散单元轨节的所有扣件，松开后的扣件应按照安装时的顺序依次摆放整齐，如图 7-3所示。

（2）用起道机抬起钢轨，每 10 m 安装一个滚轮，滚轮使用前应检查确保转动顺畅，如图 7-4 所示。

（3）在单元轨节中间安装 2 台撞轨器（单股钢轨），撞轨器之间间隔 300 m 左右。半径在 2 km 以上的曲线段设置方式与直线段相同，半径在 2 km 以下的曲线则增加一台撞轨器，如图 7-5 所示。

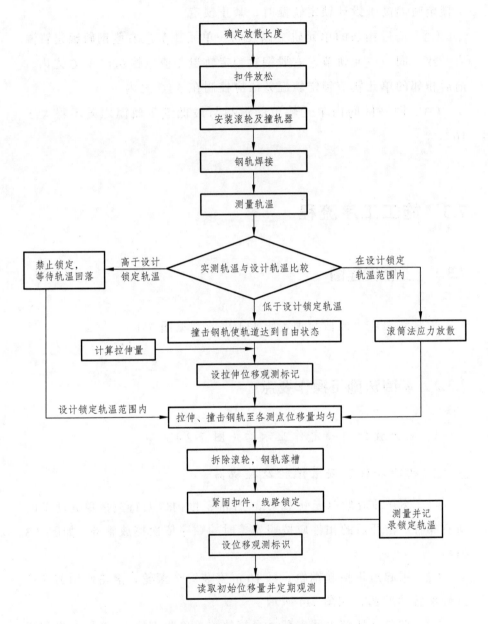

图 7-1　施工工艺流程图

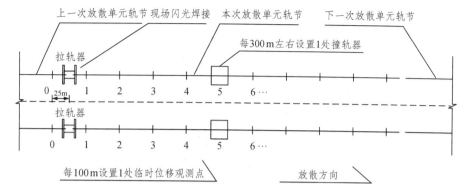

图 7-2 滚筒法作业示意图

图 7-3 拆除扣件

图 7-4 安装滚轮

123

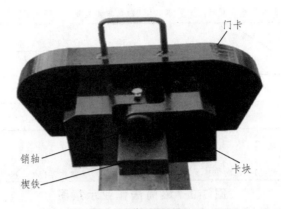

图 7-5 撞轨器

3. 钢轨焊接

利用拉轨器将待放散单元轨节拉至预留轨缝处，使用闪光焊机将待放散单元轨节与上一单元轨节进行焊接，并对焊口进行打磨，经探伤检测符合规范和设计要求，如图 7-6 所示。

图 7-6 现场钢轨焊接

4. 设置临时位移观测点

在待放散单元轨节范围内，按每 100 m 设置一处临时位移观测点

（可设置在轨枕上），同时利用直角尺在钢轨上做好零位移标记。每处观测点设置一名工作人员，以观测放散过程中钢轨的位移量。

5．测量轨温

（1）单元轨节两端各设置一个轨温计，中间设 2 个（图 7-7）。轨温计须设置于钢轨背阴面，测量时间大于 5 min，并定时读取温度读数，通过对讲机将读数汇总到记录人员处。

图 7-7　实测轨温测量

（2）记录人员将各测点的温度依次计入后取平均值作为实测轨温，各测点实测轨温数值相差不得大于 3 ℃，轨温平均值精确到小数点后1 位。

（3）锁定轨温根据蒙自年最高、最低轨温确定，设计要求本工程无缝线路轨道锁定轨温在（25±5）℃范围内。

6．撞击钢轨

用撞轨器沿放散方向撞击钢轨，同时用手锤敲击轨腰，每处观测点的工作人员仔细观察并记录钢轨上标记的位移量，当轨端和各观测点位移发生反弹且位移量变化均匀时，视钢轨达到自由伸缩状态，此时停止撞轨。整个过程中，若标记的位移量产生异常，应迅速查明原因并处理。

7. 拆除滚筒及撞轨器、锁定线路

（1）停止撞轨后，应立即将滚筒及撞轨器拆除。

（2）清理承轨台表面杂物，将放散完毕的单元轨节平稳地放置于承轨台上。

（3）及时将上一单元轨节末端的 25 m 范围内及本单元轨节的扣件拧紧，若轨温上升过快，则可采用"隔二紧一"的方式进行作业，如图 7-8 所示。

图 7-8　锁定线路

8. 设置永久位移观测标示

左右两股单元轨节应力放散及锁定作业完成前，预先在每两股单元轨节两侧对称设置位移观测桩。观测桩应设置在轨道两侧相对固定的地方（如路缘石和接触网立柱桩基上），并做出明显标记。每一单元轨节内设置 5 个。待放散锁定完成后，及时在钢轨上做出位移观测标识。位移观测桩的设置如图 7-9 所示。

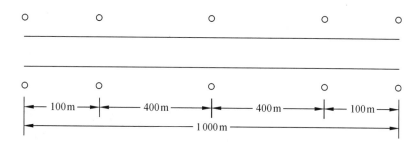

图 7-9　位移观测桩布置图

9．定期观测位移量

（1）放散锁定完成后读取初始位移量，并且每月对位移观测标示进行测量，记录钢轨位移量。

（2）本单元轨放散锁定完成后，焊轨机前移进行下一单元放散锁定。

7.3.3　综合放散法施工操作要点

1．综合放散法作业示意（图 7-10）

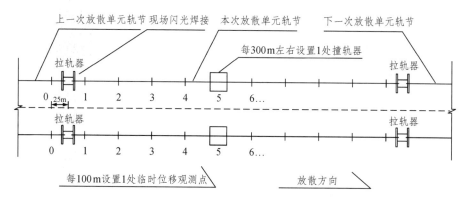

图 7-10　综合放散法作业示意图

2. 综合放散法步骤

按滚筒法施工中操作要点的 2～6 步骤进行作业。

3. 设置拉伸位移标记

通过临时位移观测点，利用直角尺在钢轨上做好拉伸零位移线标记，如图 7-11 所示。

图 7-11　临时观测点设置图

4. 计算拉伸量

（1）按下式分别计算各个观测点的拉伸量及单元轨节总的拉伸量。

钢轨拉伸量：

$$\Delta l = \alpha \times (l + l') \times (T - T') \tag{7-1}$$

式中　Δl —— 待放散钢轨的拉伸量（mm）；

α —— 钢轨的线膨胀系数，此时取 $\alpha = 0.0118$ mm/（m·℃）；

l —— 待放散钢轨长度（m）；

l' —— 上一单元轨节末端松开扣件的长度（m），本工程取

$l' = 25$ m；

T——设计锁定轨温（℃）；

T'——实测单元轨平均轨温（℃）。

（2）按下式计算单元轨节锯轨量：

$$\Delta L = L_1 + L_2 - L_0 \tag{7-2}$$

式中 ΔL——待放散单元轨节的锯轨量（mm），正值时则需锯轨，若为负值则不需锯轨。

L_1——单元轨节的拉伸量（mm）；

L_2——钢轨之间预留缝隙（一般取 6 ~ 8 mm）；

L_0——单元轨节末端与下一单元轨节始端的距离（mm）。

本工程放散单元轨长 $l=1$ km，设计锁定轨温 $T=25$ ℃，现场撞轨归零后实测平均轨温 $T'=23.9$ ℃，现场测量钢轨之间预留缝隙 $L_0=70$ mm，预留轨缝 $L_2=7$ mm。

总拉伸量 $\Delta l = \alpha \times (l+l') \times (T-T') = 13.3$ mm；锯轨量 $\Delta L = L_1 + L_2 - L_0 = -49.7$ mm。因此不考虑锯轨，直接拉伸。

5. 拉伸钢轨

（1）在待放散单元轨节末端安装拉轨器（图 7-12），根据计算的拉伸量对钢轨进行拉伸，同时利用撞轨器沿放散方向撞轨，用手锤辅助敲击轨腰。

图 7-12　钢轨拉伸器

（2）观测点的工作人员认真观测拉伸量，当各观测点拉伸量达到计算拉伸量并稳定时，视为拉伸结束，此时停止拉伸和撞击钢轨。

6. 拆除滚轮及撞轨器

（1）拉伸结束后，在放散单元轨节末端的拉伸器处于保压状态时，快速拆除撞轨器及轨底滚轮。

（2）在清理承轨台表面后，将放散完毕的单元轨节平稳地放置于承轨台上。

7. 钢轨落槽，线路锁定

作业人员均匀分布在单元轨线路上，用对讲机统一指挥协调，当钢轨放入承轨台中后迅速将单元轨尾端 100 m 范围内扣件全部紧固，当轨温上升过快时采用"隔二紧一"的方式，快速上紧期间扣件，随后上齐单元轨节内的其他所有扣件，锁定线路，再拆除钢轨拉伸器。

8. 设置永久位移观测标示

位移观测桩及永久位移观测标示的设置参照滚筒法执行。

9. 定期观测位移量

放散锁定完成后读取初始位移量，同样要求每月对位移观测标示进行测量，记录钢轨位移量。

本单元轨放散锁定完成后，焊轨机前移进行下一单元放散锁定。

7.4 施工质量标准

（1）轨道的高低、轨向、轨距、水平等几何参数应符合规范和设计要求，经验收合格方能进行线路应力放散与锁定施工。

（2）当采用滚筒法施工时，锁定轨温应控制在设计锁定轨温范围内；当采用综合放散法施工时，锁定轨温应低于设计锁定轨温且不得低于 5 °C，同时应满足前后单元轨节及左右股钢轨锁定轨温的相关要求。施工前应调查当地气温情况，掌握轨温变化规律，合理选定放散锁定施工时间段。

（3）位移观测桩应设置齐全、牢固、易于观测，锁定后应在钢轨上设置纵向位移观测"零点"标记。

（4）锁定人员应步调一致、统一指挥，在短时间内完成锁定作业。

7.5 注意事项

7.5.1 安全注意事项

（1）应由现场管理人员统一指挥，严格按照规定程序操作，严禁违章蛮干。

（2）在安装、拆除滚轮时，严禁手脚直接放在钢轨下方，起道机应缓慢均匀起放钢轨，防止钢轨突然落下时伤人。

（3）手锤敲击钢轨轨腰时，敲击方法要正确且用力不宜过大，避免手锤反弹伤人。

（4）在高温下松扣件时，应将单元轨两端 20 m 范围内的扣件松完，再松中间段扣件，中间段扣件采用"隔一松一"的方式进行，防止胀轨伤人。

（5）焊接、打磨、现场临时用电等应满足相关安全操作规程。

7.5.2 环保注意事项

（1）施工期间所产生的污染物排放和处理应符合国家和地方有关

环保现行法规规定和施工图要求。

（2）施工现场各种材料的存放必须规范、有序。

（3）应使用符合环保要求的机械设备和施工工艺。

（4）合理安排施工时间，减少噪声扰民。

第8章 槽型轨嵌入式轨道系统施工技术

◇ 适用范围

本技术适用于现代有轨电车平交道口、桥涵顶等特殊困难地段。

◇ 作业内容

包括承轨槽精调、焊接、固定、道床浇筑、组件安装、面层施工、养护等。

◇ 施工技术参照标准

[1]《高速铁路无砟轨道嵌缝材料暂行技术条件》(TJ/GW 119—2013)

[2]《城市轨道交通技术规范》(GB 50490—2009)

[3]《低地板有轨电车车辆通用技术条件》(CJ/T417—2012)

[4]《铁路轨道设计规范》(TB 10082—2005)

[5]《铁路混凝土工程施工质量验收标准》(TB 10424—2010)

[6]《铁路轨道工程施工质量验收标准》(TB 10413—2003)

[7]《钢轨焊接》(TB/T 1632—2014)

8.1 作业准备

8.1.1 准备工作要点

(1)支承层处理完毕,验收合格,钢制承轨槽运送至工地现场验收合格。

（2）钢制承轨槽安装前，仅绑扎施工道床的底层钢筋，在钢制承轨槽安装并固定好后，再进行顶层钢筋施工。

8.1.2 劳动力准备

槽型轨嵌入式轨道系统施工劳动力组织见表 8-1。

表 8-1 劳动力组织情况表

序号	工种	单位	数量	工作内容
1	测量工	人	4	负责测量工作
2	精调工	人	2	负责承轨槽及轨道安装、轨道粗调及精调
3	焊 工	人	2	负责轨道的焊接、轨道打磨、承轨槽焊接
4	普工	人	10	配合钳工及测量工对轨道支撑件进行安装、拆除，对轨道进行安装，对轨道进行粗调及精调
5	电 工	人	1	负责本工程的临时电路的安装和日常维护检查
6	起重工	人	1	负责本工程吊装作业
7	司 机	人	1	负责整个项目材料运输
	合 计		21	

8.1.3 机具准备

槽型轨嵌入式轨道系统施工所需机械设备见表 8-2。

表 8-2 机械设备表

序号	机械名称及型号	单位	数量	备注
1	汽车吊	台	2	25 t
2	平板车	台	1	5 t
3	内燃螺栓扳手	套	2	NB550
4	承轨槽支撑架	套	40	上支撑式
5	起道机	台	2	
6	扭力扳手	套	2	各种型号
7	撬棍	根	5	中号
8	撬棍	根	3	大号
9	弦线、板尺	套	4	
10	锯轨机	台	1	
11	卷扬机	台	1	
12	滚筒	个	50	直线
13	轨温计	个	2	
14	对轨器	套	8	
15	手动钢轨切瘤机	台	2	
16	钢轨打磨机	台	3	
17	槽型轨精打磨机	台	3	
18	焊接模具	个	8	铝热焊
19	角磨机	台	5	100 型
20	发电机	台	1	35 kW

8.2 施工技术标准

（1）钢制承轨槽承轨面标高偏差不大于 3 mm，中心线位置偏差不大于 2 mm，槽间错牙不大于 3 mm。

（2）钢轨闪光焊接接头平直度偏差在 0～0.5 mm 以内，水平偏差在 0～0.5 mm 以内，表面不平整度不大于 2 mm。

（3）承轨槽焊接时焊缝长度不小于 40 mm，间距 50 mm，焊缝高度不小于 6 mm。

（4）钢轨焊接时轨端高差需≤0.6 mm，钢轨两端 1 m 范围内垂直面及平面不直度不大于 0.5 mm，焊接前轨温不宜低于 10 ℃。

（5）轨道静态调整施工技术标准见表 8-3。

表 8-3　槽型轨静态调整施工技术标准表

序号	调整项目	允许差值	检测方法	备注
1	轨距	+2 mm，－1 mm	万能道尺、测量仪器	—
2	轨距变化率	1/1000	—	—
3	水平	±1 mm	万能道尺、测量仪器	—
4	水平变化率	±2 mm/6.25 m	—	扭曲
5	轨向	±1 mm/3 m 10 m 弦	测量仪器	—
		2 mm/10m 弦	弦线	—
6	高低	2 mm/10 m 弦	弦线	超高处用调高垫板微调
7	高低（长平）	2 mm/10 m 弦	测量仪器	—

8.3 施工工序流程

8.3.1 工序流程图

槽型轨嵌入式轨道系统施工工序流程见图 8-1。

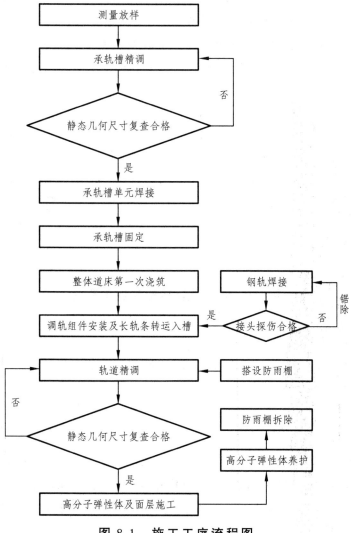

图 8-1 施工工序流程图

8.3.2　操作要点

1. 测量及承轨槽架设

（1）承轨槽安装前，根据轨道位置，测量放样出承轨槽安装中心线位置，做好标记，并在承轨槽两端尺量标记出中心点位置。

（2）根据线路测量数据，提前将调整工装摆放于安装位置，并加以临时固定（确保工装底部平整稳定）。承轨槽到达现场后，利用汽车吊或人工将承轨槽摆放于工装顶面，承轨槽距调整工装边缘150 mm～200 mm，承轨槽中线与轨道中心线重合，即完成初步架设，如图 8-2 所示。

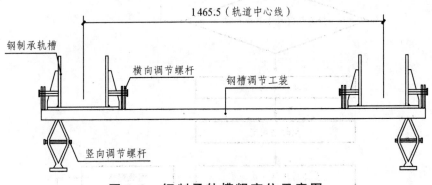

图 8-2　钢制承轨槽粗定位示意图

2. 承轨槽精调

使用万能道尺、L尺、全站仪进行测量，通过调节工装实现承轨槽的精调。

3. 承轨槽单元焊接

（1）精调完成后对承轨槽进行纵向点焊连接，将 5 个普通承轨槽和 1 个特制承轨槽焊接成一个承轨槽单元，为 12.15 m，对齐支承层假缝预留 20 mm 宽伸缩缝一处，并在混凝土浇筑前使用聚乙烯塑料泡沫板进行填充。

（2）承轨槽安装时，在承轨槽接头位置预留 2～3 mm 间隙，方便承轨槽焊接施工。承轨槽底板采用断续焊，焊缝长度不小于 40 mm，间距 50 mm，焊缝高度不小于 6 mm。

（3）承轨槽侧板同样采用断续焊，焊缝长度不小于 40 mm，间距 50 mm，焊缝高度不小于 6 mm。承轨槽焊接如图 8-3 和图 8-4。

4. 承轨槽固定

（1）承轨槽精调、焊接完成后，进行承轨槽的固定。每节 2 m 承轨槽纵向设置 3 组固定支撑，纵向中心间距 0.9～1.1 m，确保承轨槽稳定牢靠。

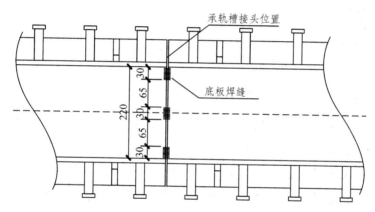

图 8-3　承轨槽底板焊接图

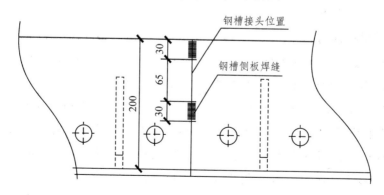

图 8-4　承轨槽侧板焊接图

139

（2）距承轨槽底板两侧面 30～40 mm 位置钻孔，深度不小于 100 mm，植入两根 ϕ14 mm 竖向钢筋，植入后检查钢筋是否能被晃动，紧贴承轨槽底面安装 ϕ14 mm 横向钢筋，横向钢筋与竖向钢筋交叉处焊接固定，最后在承轨槽底板两侧位置与横向钢筋点焊固定，如图 8-5 所示。

（3）承轨槽固定后，进行测量复核。满足要求后，拆除调整工装，循环施工。

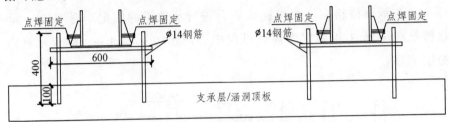

图 8-5　承轨槽钢筋焊接图

5. 整体道床第一次浇筑

（1）道床混凝土浇筑前，承轨槽接头位置采用玻璃胶密封，避免混凝土浇筑过程中，水泥浆渗入承轨槽内。

（2）承轨槽固定之后，对道床上层钢筋进行布置，并将承轨槽侧面锚钉与上层纵向钢筋按照设计要求进行焊联后，浇筑道床混凝土，如图 8-6 所示。浇筑时对承轨槽进行同步监控，发现有问题时及时处理。

（3）长轨条焊接。

① 焊接前打磨。

② 根据嵌入式轨道施工段长度，将 25 m 槽型轨闪光焊接成长轨条。

③ 钢轨检查：钢轨焊前对钢轨的端部尺寸进行复核，要求轨端高差不大于 0.6 mm。对弯曲的钢轨应进行调直处理，使钢轨在全长范围内轨头和侧面直顺，不得有硬弯、弯曲和扭转；钢轨两端 1 m 范围内垂直面及平面不直度不大于 0.5 mm；焊接前轨温不宜低于 10 ℃。

④ 钢轨打磨：对焊钢轨端头及焊轨机钳口部位与钢轨接触处端面采用抛光轮，进行除锈、打磨。打磨后的钢轨面应有金属光泽，不得

有锈斑。打磨深度不得超过母材 0.2 mm。

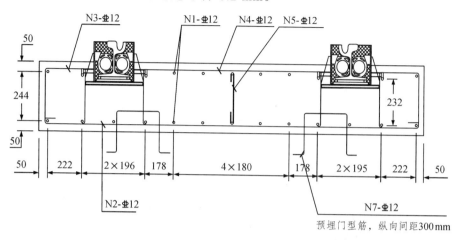

图 8-6　侧面锚定与道床钢筋焊联示意图

⑤ 长轨条焊接质量必须按照规范检测合格后方可用于嵌入式轨道施工。

6. 对轨调整与钢轨焊接

（1）钢轨表面及钳口部位打磨符合要求后，方可进行焊轨作业。先调整高低和方向，使焊缝对正焊轨机钳口中心位置，用刀口尺检查两钢轨左右或高低错牙均不得超过 0.5 mm。

（2）确认钢轨对中后，启动液压系统进行夹轨，随后激活数据采集系统，进入焊接程序，依次经过各个闪光阶段后进行顶锻并完成推瘤作业。

（3）焊接结束后，对焊机各部位和接头进行检查，同时清洁焊机内部和钳口。如果钢轨与钳口接触处有电击伤，则该焊头判定为不合格，需切掉重焊；同时对钳口进行处理，直至换钳口，方可再焊。

（4）合格的焊头根据数据采集系统的屏显号码统一进行编号，将相关数据进行收集、整理、存档；资料对应焊接接头标识号在距焊头 1～3 m 的同侧轨腰上，大小与钢轨轨腰匹配，白底红字（油漆）。

（5）接头打磨：利用仿形打磨机打磨焊接接头的轨顶面和各个侧

面，打磨应沿钢轨纵向打磨，不可横向打磨，母材打磨深度不超过0.3 mm。

7. 调轨组件安装及长轨条入槽

（1）施工准备。

在安装前需检查钢轨表面是否有油污、锈迹，若有，则用清洗剂清洗干净。

（2）承轨槽内部清理。

对承轨槽内部进行除锈清理，除锈后使用清洁剂清洗轨槽，并用鼓风机吹干，槽内不得潮湿、积水。保证弹性垫板与承轨槽能顺利黏结。

（3）弹性垫板安装。

清理完承轨槽后，对接头不平整处进行打磨，之后槽底连续铺设并黏结弹性垫板。

（4）调高垫板安装。

采用电子水准仪每隔 1 m 对弹性垫板顶面进行高程测量，根据设计轨顶标高计算出调高垫板的配置厚度（调高垫板分为 2 mm、4 mm、6 mm、8 mm、10 mm 五个规格），做好标记。调高垫板安装时按标记对应安装。

（5）长轨条转运就位。

采用滚筒转运长轨条，在轨排下每间隔 5m 设置一组滚轮，前端采用卷扬机牵引，滚轮采用循环利用的方式转运，放置在承轨槽边后人工将其放入已铺设好弹性垫板的承轨槽中。

（6）调轨组件安装。

先将直径的 60 mm 的 PP-R 管安装到钢轨上，再安装轨距挡块，最后使用强力胶水将 PP-R 管及轨距挡块粘贴到钢轨上，全部安装完成后将长轨条入槽，如图 8-7 所示。

8. 搭设防雨棚

因高分子弹性体施工时要求防雨防潮，所以在浇筑前需搭设防雨棚。采用直径 6 cm 的圆钢管作为支撑骨架，上层采用防雨棚布，骨架间距 2.5 m。

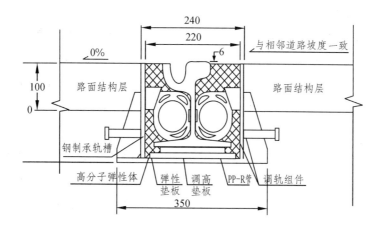

图 8-7 调轨组件安装图

9．轨道精调

（1）使用电子测量仪器配合全站仪进行轨道调整。

（2）先调整基本轨，使用全站仪和轨道电子测量仪对嵌入式轨道区段全线检查采集数据后，每隔 1 m 设置调高垫板，全站仪测量数据分别使用 0.6 mm、0.8 mm、1.0 mm、1.2 mm 的调高垫板进行调整。高程满足设计要求后，利用调轨组件对轨道高程、轨距、轨向、水平、高低进行调整。

10．高分子弹性体浇筑及面层施工

（1）高分子弹性体由聚氨酯 A、B 组分及橡胶颗粒体组成，经混合搅拌、浇筑、固化成型。浇筑前应对各组分材料进行验收，验收合格后方可进行施工。

①轨道精调报验后进行高分子弹性体施工，现场浇筑高分子弹性体时，应对轨道状态进行监控，发现轨道状态出现问题时应停止浇筑

143

并及时对轨道重新调整。

②现场浇筑高分子弹性体时，应注意防水防潮。

（2）高分子弹性体施工工艺。

①胶黏剂喷涂：将胶黏剂连续均匀的喷涂于承轨槽内侧面。

②高分子弹性体浇筑：浇筑高分子弹性体的环境温度应在 5 ~ 40 ℃，湿度不超过 85%。浇筑高分子弹性体前，需在钢轨轨顶、承轨槽外侧道床表面黏结胶带纸，防止浇筑时造成污染。

（3）面层施工。

面层为聚氨酯涂层，高分子弹性颗粒体浇筑完成 5 h 后开始面层施工。作业前检查浇筑料表面，确保表面无灰尘、水分、油污等，且平整、无凸起或者凹陷，然后将面层均匀地涂刷在浇筑料表面。

11. 养护及防雨棚拆除

高分子弹性体浇筑完成后，覆盖养护不少于 7d，养护完成后拆除防雨棚，对轨面和整体道床进行清洁处理，完成嵌入式轨道的施工。

8.4　施工质量标准

（1）道床混凝土应振捣密实，严禁振捣器触碰钢制承轨槽及钢制承轨槽支撑架。

（2）现场浇筑高分子弹性体时，须符合轨道几何形态，满足要求后才能施工。

（3）现场浇筑高分子弹性体时，应注意防水防潮。

（4）轨道铺设精度应符合表 8-4 要求。

（5）轨道系统铺设完成后，高分子材料浇筑应平整，无剥离、开裂等现象，高分子浇筑料表面距轨顶垂直距离应在 4 ~ 10 mm 的范围，特殊地段最大距离应不大于 20 mm，钢轨及轨道板表面应清理干净，无污物。

表 8-4　轨道铺设精度要求（静态）

项目	要求	备注
轨距/mm	+2 −1	相对于标准轨距 1435 mm
水平/mm	2	不包含曲线与缓和曲线上的超高值
高低/mm	2	钢轨弦长 10 m
轨向/mm	2	

（6）高分子浇筑料施工工艺性能应符合表 8-5 的要求。

表 8-5　高分子浇筑料施工工艺性能要求

项目	要求
黏度（MPa·s）	≤1500
40 °C 下可工作时间/min	≥10
表干时间/h	≤5
承载时间/h	≤72

8.5　注意事项

8.5.1　安全注意事项

（1）长轨条吊运时须严格遵守吊装程序，检查吊装设备的保险装置，检查被吊设备固定是否牢固，吊装过程中及时清理吊装及水平牵引区域内的杂物。

（2）钢轨焊接、吊装等特种作业人员必须取得特种作业操作证书才能上岗作业。

（3）为防止闪光焊接时火花喷溅伤人，必须先关好防护装置，再开始焊接钢轨。焊接加热过程中，焊机周围严禁停留其他人员，焊机监控人员应至少距离焊机 5 m 以外观察。

（4）高分子材料拌和现场必须隔离火源，同时在周围配备灭火器，不进行作业时要妥善保管相应材料，加强定期巡逻，发现火苗、隐患及时采取措施。

（5）施工现场临时用电严格按照《施工现场临时用电安全技术规范》（JGJ 46—2005）规定执行。

8.5.2　环保注意事项

（1）高分子材料在施工时需满足环保要求，做好现场环保措施，防止污染。

（2）现场施工作业、生产及生活临时设施的布置均严格按照招标文件及施工图指定的区域进行。

（3）尽量降低因闪光焊接产生的粉尘、噪声及生活垃圾对周边环境造成的影响及行人、车辆对工程施工造成的干扰。

（4）在施工过程中高分子材料若发生污染，应及时清理干净。

第9章　道砟道床施工技术

◇ 适用范围

本章适用于现代有轨电车道砟道床施工。

◇ 作业内容

包括普通有砟道床、有砟道岔道床的具体作业。

◇ 施工技术参照标准

[1]《铁路轨道工程施工质量验收标准》（TB 10413—2003）

[2]《铁路轨道工程施工安全技术规程》（TB 10305—2009）

[3]《城市轨道交通工程测量规范》（GB50308—2008）

[4]《客运专线铁路道岔铺设手册》（工管工〔2009〕104号）

9.1　作业准备

9.1.1　工作要点

（1）阅审施工设计图纸，接受设计院的施工设计图交底，熟悉规范与技术标准，制订各项施工方案，安全保障措施及应急预案。

（2）所在施工项目部总工程师对项目部技术相关人员进行技术交底，对参加施工人员进行上岗前技术培训。

（3）按照设计要求（主要材料设计技术条件），进行原材料招标采购。

（4）道砟、预应力轨枕、扣件等主要原材料进场后，参照《铁路轨道工程施工质量验收标准》（TB 10413—2003）相关要求，报监理工程师，进行取样送检。

（5）做好劳动组织、施工机具、设备材料等相关施工准备工作。

9.1.2 劳动力安排

根据施工工作面、工期等实际情况，合理进行现场劳动力安排。表 9-1 为每个作业面拟配置的主要工种及人员数量。

表 9-1 主要工种及人员数量表

序号	工种	数量/人	备注
1	现场管理人员	1	组织协调
2	技术员	1	技术指导
3	测量员	2～3	轨道精度控制
4	质量员	1	质量管理
5	安全员	1	安全管理
6	普工	15～20	含散布轨枕、扣件安装、铺砟、整道
7	线路工	12～18	含散布轨枕、扣件安装、铺砟、整道
8	装吊工	2	现场物料吊装
9	其他	5	施工配合

9.1.3 机具准备

根据施工工作面、工期等实际情况，合理进行现场机具安排。表 9-2 为每个作业面拟配置主要的机具及数量。

表 9-2　配置主要的机具及数量表

序号	名称	数量	用途
1	25 t 吊车	1～2 台	钢轨、道岔、长轨枕吊装
2	电动扳手	1 台	组装扣件和轨排拼装
3	道尺	1 把	调整轨距
4	L 尺	1 把	调整轨道方向和高程
5	弦线、弦线架	1 套	轨道精调
6	全站仪	1 台	测量
7	电子水准仪	1 台	测量
8	支距尺	1 把	支距测量
9	柴油大电机	1 台	提供用电
10	碎石捣固机/振捣器	1～2 台	道床捣实
11	拨道机	2～4 台	轨道、道岔调整
12	扭力扳手	2 把	紧固和松动螺栓
13	铁铲、撬棍	若干	施工配合

9.2　施工技术标准

9.2.1　测量

基标：永久基标要求与钢轨等距，与钢轨顶面高差为等值。基标位于线路中心线上。直线每 100 m、曲线每 60 m 设一个，曲线特征点设一个。道岔区铺轨基标按道岔铺设的需要进行加密。单开道岔在基本轨轨缝两钢轨外侧、道岔中心、辙叉前后轨缝两侧等增设铺轨基标，交叉渡线的长短轴上增设铺轨基标。

测设中桩：直线不大于 25 m，圆曲线为 20 m，缓和曲线为 10 m；在曲线起讫点、缓圆点、圆中点和圆缓点、道口中心点、道岔中心点及岔头、岔尾点，设置中线桩。

9.2.2　道砟铺设

（1）道砟粒径级配如表 9-3 和表 9-4 所示。

表 9-3　底砟粒径级配表

方孔筛孔边长/mm	0.075	0.1	0.5	1.7	7.1	16	25	45
过筛质量百分率/%	0～7	0～11	7～32	13～46	41～75	67～91	80～100	100

表 9-4　道砟粒径级配表

方孔筛孔边长/mm	16	25	35.5	45	56	63
过筛质量百分率/%	0～5	5～15	25～40	55～75	92～97	97～100

（2）底砟铺设应采用压强不小于 160 kPa 的机械碾压，压实密度不低于 1.6 g/cm³，底砟厚度允许偏差为±50 mm，半宽允许偏差为 0～+50 mm。

（3）正线道岔预铺道砟应采用压强不小于 160 kPa 的机械碾压，压实密度不低于 1.7 g/cm³，砟面平整度用 3 m 直尺检查不得大于 30 mm，预留起道量不得大于 50 mm，道岔前后各 30 m 范围内应做好顺坡并碾压。

（4）路基与桥梁、路基与隧道、无砟道床与有砟道床以及新筑路基与既有路基连接地段的预铺道砟应加强碾压，长度不应少于 30 m。

9.2.3　其他

施工过程其余工序作业技术标准参照《铁路轨道工程施工质量验

收标准》（TB 10413—2003）相关内容。

9.3　施工工序流程

9.3.1　工序流程图

（1）普通有砟道床铺设工艺流程如图 9-1 所示。

（2）有砟道床道岔铺设工艺流程如图 9-2 所示。

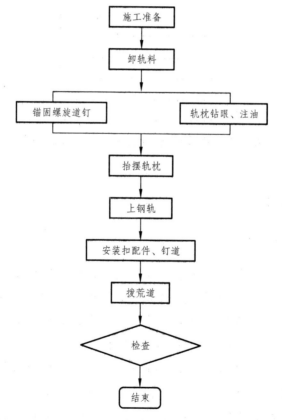

图 9-1　普通有砟道床铺设工艺流程图

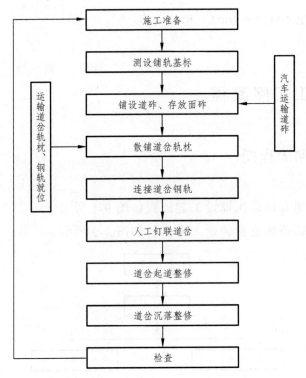

图 9-2　有砟道床道岔铺设工艺流程图

9.3.2　操作要点

1. 普通有砟道床

（1）卸轨料：利用汽车吊由汽车上将钢轨、轨枕及扣件卸下，分类集中堆码。钢轨在卸下的同时进行逐根检查，并标识在轨头上。用人工或汽车，按轨节表中所标注的钢轨长度、顺序配对，将钢轨拖拉到对应铺设地点，并按上、下股拨移到股道两边上。

（2）螺旋道钉锚固：采用正锚法。先将枕孔底部塞住，锚固浆熬好后，从枕孔上部仔细灌入道钉孔内，单孔一次灌满。全部灌满后，用锚固架固定螺旋道钉插入枕孔。经过 1 min 左右的冷却凝固，拿走锚固架，清除承轨槽中的杂物，涂绝缘防锈漆，螺旋杆上涂上机油。

（3）摆轨枕：人工按照轨枕设计间距摆放在线路中心。轨枕摆放好后将配件散发到轨枕上，并摆好轨底大胶垫。

（4）上钢轨：人工将摆放在线路两侧的钢轨上到承轨槽内，其要点是撬棍打钢轨两端的螺栓孔眼后将其翻到轨枕承轨槽内，在钢轨上打印轨枕位置线，按位置线方正轨枕。

（5）安装扣配件：按照轨节表中所注明的轨枕间距，用粉笔在轨面上画出间距印，并用白油漆在轨腰上打上正式点位，然后用起道机顶起钢轨，将轨枕方正，按设计要求安装扣配件，连接钢轨，采用电动扳手拧紧螺帽。

（6）拨荒道：铺设完后根据线路中线资料，利用齿条式压机拨道，使轨道方向良好、长平顺直，串砟捣固，消除硬弯、鹅头、三角坑和反超高现象，达到工程列车通行条件。

（7）检查：根据轨道工程施工验收规范、轨道工程质量检验评定标准和设计标准对拼装质量进行检查。

轨缝预留应符合《铁路轨道施工及验收规范》（TB 10302—96）附录 F 的规定。当轨温低于当地历史最高轨温时，不得有连续 3 个及以上的瞎缝。任何情况下，不得出现构造轨缝。轨缝实际平均值与检算平均值差不超过±2 mm；接头错牙不超过 1 mm；接头相错量直线不超过 40 mm；曲线不超过 40 mm 加缩短轨缩短量的一半；轨距误差允许+6 mm、-2 mm；轨道中心与设计中线差不超过 20 mm。

各种扣配件应安装齐全，位置正确，扣件应涂油。

轨道大方向远视直线顺直、无硬弯、曲线圆顺、无反弯或鹅头、无反超高和三角坑。

（8）技术措施。

线路上铺设的钢轨、轨枕及扣配件必须有产品出厂合格证，并应符合本线设计要求，无合格证或经检验不合格的轨道材料不得上线使用。

对施工设计文件和施工资料进行会审，并据以编制实施性施工组织设计指导施工。

复核线下施工单位移交的线下工程竣工资料，如路基整修表、曲线表、坡度表、断链表、平交道口表、控制桩表以及水准点表等，并据此对其路基面、中线桩和所铺底砟等进行现场检查验收。

根据核准的施工文件及资料，编制轨排铺设计划表，提出人工铺轨轨料计划，并按施工组织设计要求下达施工计划，下达人工铺轨作业指导书并进行技术交底。

落实人工铺轨施工所需的人员、工具、机械设备，并调迁到位，做好配合人工铺轨施工的其他工作。

2. 有砟道岔道床

测设道岔铺轨中桩：根据施工平面图测设道岔岔前、道岔中心、岔后中心轨道中线桩，测设位置见图9-3。

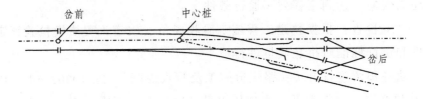

图 9-3　道岔中桩布置图

（1）底砟预铺：汽车运输上道、推土机推铺，人工均砟找平，压路机逐层压实。

（2）铺设岔枕：按照道岔布置图上的岔枕间距在内侧轨腰刻画轨枕位置线，标出岔枕位置，人工摆放道岔轨枕。

（3）铺钉钢轨：铺钉道岔钢轨按先直后曲，先外后内，由前向后分四个步骤进行。有砟道床道岔铺设顺序见图9-4。

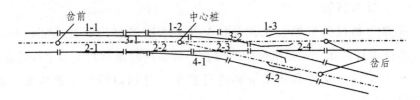

图 9-4　道岔铺设顺序图

（4）起道整道：道岔钉设完毕后，按中线桩将道岔拨到设计位置，按照验标要求，对道岔各部位进行整道。采用人工配合液压捣固机整道，整道共分三步组织施工。

①第一遍上砟整道：主要目的是补砟、消灭三角坑和反超高，并拨正轨道位置。

上砟：将道砟均匀地散布到轨道内。

起道：将每节轨道在几个点抬高并用道砟垫实。抬高后的轨面应大致平顺，没有显著的凸凹和反超高。抬高后应同时方正轨枕位置。

串砟：轨节抬起后立即向轨枕下面串砟，要求串满串实，没有空吊板。

拨道：在上述工作完成一定长度后进行一次拨道，即将线路拨到中心线位置，达到直线顺直、曲线圆顺。拨道前检查要拨的线路地段的轨缝是否合适，必要时应进行调整，以防发生胀轨。

②第二遍上砟整道：主要目的是补砟、匀缝、方枕、串砟捣实，进一步拨正轨道位置。

上砟：与第一遍上砟整道相同。

匀轨缝：在进行该项作业时须拧松螺旋道钉的螺帽，以便抬道后细方轨枕。

起道：将轨道抬高至设计标高，并略加高 1~3 mm 的沉落量。曲线外股钢轨按规定超高抬够。起道后的轨道前后高低、左右水平均应符合规范要求。

细方轨枕：按轨腰上的标志整正轨枕。

串砟：钢轨两侧 40~50 cm 范围内串满道砟，钢筋混凝土轨枕中间 60 cm 宽的砟面应低于轨枕底面 30 mm 以上。

填盒：向轨枕盒内填补一部分道砟，供捣固用。

捣固：利用小型液压捣固机将钢轨外侧 40 cm、内侧 45 cm 范围内的道砟分 3~4 次将道床捣实，使能承受列车通过时荷载。

拨道：按照线路中线细拨轨道。拨道前可将轨枕端部的道砟扒开一部分，以减小拨道时的阻力。

整道：包括小量的拨道、校正线路平面位置、整修道床、补足轨枕盒内道砟、拍实道床边坡及顶面并使之保持稳定。

③ 第三遍道床最后整修：验交前的最后一次作业，其内容包括：

起道：做到与设计纵断面规定的标高误差不超过+50 mm，-30 mm。轨道水平前后高低符合验标规定，轨枕与线路中线垂直，其间距及偏斜误差不大于 40 mm。

找平小洼：使轨面达到平顺。

捣固：正线道岔预铺道砟应采用压强不小于 160 kPa 的机械分层碾压，压实密度不得低于 1.7 g/cm³。砟面平整度用 3 m 直尺检查不得大于 30 mm。预留起道量不得大于 50 mm。道岔前后各 30 m 范围应做好顺坡并碾压。做到钢轨接头处无暗坑吊板，其他处无连续暗坑吊板。暗坑吊板率：正线不超过 8%，站线不超过 12%。

拨道：达到直线远视正直，曲线圆顺。

填补轨枕盒内道砟：道砟面比木枕顶面低 30 mm，混凝土轨枕埋深为 150 mm，中间凹槽符合规定。

整理道床：夯拍道床面，使道床横断面符合设计要求，道床边坡上下边缘整齐并与钢轨相平行。

④ 质量检查：检查材料数量、道岔位置、轨距、扣件安装、导曲线支距、附带曲线支距、轮缘槽宽度、尖轨密贴程度等项目是否符合规定。具体检查以下内容：

a. 铺设位置正确，基本轨、尖轨、辙叉及配件铺设符合标准图。

b. 转辙器搬动灵活，尖轨与基本轨密贴，在转杆连接处，尖轨与基本轨的间隙不得大于 2 mm，尖轨无损伤，尖轨顶面宽 50 mm 以上断面处，不低于基本轨顶面 1 mm。

c. 轨距允许误差：装有控制设备的道岔，除尖轨尖端处为±1 mm外，其余各部均为+3 mm，-2 mm。辙叉心作用边至护轨头部外侧的距离（查照间隔）不得小于 1391 mm，翼轨作用边至护轨头部外侧距离（护背距离）不得大于 1348 mm。

d. 道岔的大方向与其连接线路的中线一致，与道岔偏差不大于 30 mm。

e. 导曲线应圆顺，支距正确，其误差不得大于 2 mm，连接曲线用 10 m 弦量，连续正矢量不得大于 3 mm。

f. 接头处轨面高差和错牙不得大于 1 mm，轨缝实际平均与检算值误差控制在±2 mm，岔头或岔尾接头相错量不大于 20 mm。

g. 基本轨落槽、滑床板平直，滑床板与尖轨间有 2 mm 以上空隙者，不得多于 1 块。

h. 道岔铺设完毕，应串砟找平，逐步捣固，全部滑床板应在同一平面上，轨面应平顺，在道岔全长内高低差不得大于 4 mm。导曲线不得有反超高。

9.4 施工质量标准

9.4.1 有缝线路有砟道床施工质量标准

有缝线路有砟道床施工质量标准见表 9-5～表 9-8。

表 9-5 拨道允许偏差表

序号	项目		允许偏差/mm	
			正线、到发线	其他站线
1	中线		50（宽枕 10）	
2	线间距	正、站线、桥、隧	±20	
		钢梁桥	±10	
		正线间距为 4 m，倒装线间距为 3.6 m	不得有负偏差	
3	高程		±10	
4	轨向	直线（10 m 弦线）		
		曲线	见表 8-4	

表 9-6　曲线 20 m 弦正矢允许偏差表

曲线 半径/m	缓和曲线正矢与 计算正矢差/mm		圆曲线正矢 连续差/mm		圆曲线正矢最大 最小值差/mm	
	正线、 到发线	其他站线、 次要站线	正线、 到发线	其他站线、 次要站线	正线、 到发线	其他站线、 次要站线
250 及以下		8		16		24
251～350		7		14		21
351～450	5	6	10	12	15	18
451～650	4	5	8	10	12	15
650 以上	3	4	6	8	9	12

表 9-7　起道允许偏差表

序号	项目		允许偏差/mm	
			正线、到发线	其他站线
1	轨面高程	有砟道床	+50，-30（宽枕±30）	
		建筑物上	±10	
		紧靠站台的轨道	+50，0	
2	轨面平整	高低（10 m 弦线）	4	5
		水平		
		扭曲（6.25 m）		

表 9-8　改道允许偏差表

序号	项目		允许偏差	
			正线、到发线	其他站线
1	轨距	轨距	+6 mm，-2 mm（宽枕±30 mm）	
		加宽递减率	1%	2%
2	接头	错牙、错台	1 mm	2 mm
		接头相错量	40 mm（曲线加缩短轨缩短量的一半）	
3	轨枕	空吊板 （不得连续）	8%	12%
		方正、间距	±20 mm	

9.4.2　无缝线路有砟道床施工质量标准

无缝线路有砟道床施工质量标准见表 9-9、表 9-10。

表 9-9　有砟轨道整道允许偏差和检验方法表

序号	项目		允许偏差	检验方法
1	轨距		+4 −2	万能道尺量
2	轨向	直线（10 m 弦量）	4	尺量
		曲线	见表 8-4	
3	水平		4	万能道尺量
4	扭曲（基长 6.25 m）		4	
5	高低（10 m 弦量）		4	尺量

表 9-10　曲线 20 m 弦正矢允许偏差表

曲线半径 /m	缓和曲线正矢与计算 正矢差 /mm	圆曲线正矢 连续差 /mm	圆曲线正矢最大 最小值差 /mm
≤650	4	8	12
>650	3	6	9

9.4.3　普通有砟道床道岔施工质量标准

普通有砟道床道岔施工质量标准见表 9-11。

表 9-11　无缝道岔铺设允许偏差表

序号	检验项目		正线	其他站线
1	道岔 方向	直线（10 m 弦量）	4	6
		导曲线支距 /mm	±2	
2	轨距	尖轨尖端 /mm	±1	
		其他部位 /mm	+3 −2	

序号	检验项目		正线	其他站线
3	轨距加宽及递减	尖轨尖端至基本轨接头‰	按设计图	
		尖轨跟端（直向）向辙叉方向递减距离/m	按设计图	
	导曲线向前向后递减距离	直尖轨/mm	按设计图	
		曲尖轨/mm	按设计图	
4	尖轨非工作边最小轮缘槽/mm		−2	
5	顶铁与尖轨或可动心轨轨腰的间隙/mm		≤1	
6	尖轨跟端非工作与基本轨工作边开口距离/mm		±1	
7	轨缘槽宽度/mm		+3 −1	
8	接头	错牙、错台/mm	≤1	≤2
		头尾接头相错量/mm	≤15	≤20
		轨缝实测平均值与设计值差/mm	±2	
9	岔轨间距、偏斜/mm		±20	
10	尖轨尖端相错量/mm		≤10	

9.5 注意事项

9.5.1 安全注意事项

（1）按照"安全第一，预防为主"的方针，建立健全安全管理体系，强推安全生产责任制，配齐安全管理人员和安全物资，加强施工人员安全培训和生产过程的安全检查、改进。

（2）各工种上岗前，必须由项目技术负责人向作业人员进行安全技术交底，无安全措施和未进行交底的不得进行作业。

（3）进入施工现场必须佩戴安全帽，施工现场安全设施如围护、洞口盖板、防护罩、护栏等，不得擅自移动。

（4）因施工空间受限，每个作业人员要注意自身安全，穿戴好防护用品，同时还必须关注周围的作业人员、工具设备。施工中各道工序应保持适当间隔，避免相互干扰的同时还要保证必要的衔接与配合。

（5）拨移尖轨时应站稳，要有统一指挥，防止挤伤手脚。

（6）制定安全措施，"四新"技术使用首先进行安全评估。

9.5.2 环保注意事项

（1）建立以项目经理为首，由项目总工程师、项目副经理、项目各部门主要负责人等组成的现场文明施工组织管理机构。以项目副经理、项目作业负责人、现场施工员为文明施工负责人直接负责本项目工程现场文明施工管理工作。严格执行国家、红河州有关主管部门及业主的安全文明施工的管理办法，制定施工现场文明施工管理、施工场地管理、施工安全管理、工地卫生管理、环境保护管理、成品保护管理等实施细则。全过程跟踪、监督、指导、检查现场文明施工情况和有关文明施工措施的落实等，制定相应的奖惩措施，每周进行一次文明施工检查、考核，据此对有关人员进行奖罚。

（2）减少现场施工粉尘、弃渣、噪声及生活垃圾对周边环境造成的影响及行人、车辆对工程施工造成的干扰。

（3）注意运输车辆进出工地时，对扬尘洒水降尘，清洗残带泥土；选择低噪声发电机；设备修理、钢轨焊接产生的废油、金属废弃物等应集中处理，避免对周围土壤、水源造成污染。

（4）现场施工作业、生产及生活临时设施的布置均严格按照招标文件及施工图指定的区域进行。

（5）禁止在施工现场焚烧有毒、有害和有恶臭气味的物质，应将其运至环保部门指定地点进行处理。

参考资料

[1]《地铁设计规范》（GB 50157—2013）

[2]《城市轨道交通技术规程》（GB 50490—2009）

[3]《城市轨道交通工程项目建设标准》（建标 104—2008）

[4]《城市轻轨交通铰接车辆通用技术条件》（GB/T 23431—2009）

[5]《地铁限界标准》（CJJ 96—2003）

[6]《低地板有轨电车车辆通用技术条件》（CJ/T 417—2012）

[7]《铁路轨道设计规范》（TB 10082—2005）

[8]《混凝土结构设计规范》（GB 50010—2010）

[9]《城市轨道交通工程测量规范》（GB 50308—2008）

[10]《铁路轨道工程施工质量验收标准》（GB 10413—2003）

[11]《铁路混凝土工程施工质量验收标准》（GB 10424—2010）

[12]《铁路工程地基处理技术规程》（TB 10106—2010）

[13]《建筑地基基础工程施工质量验收规范》（GB 50202—2002）

[14]《铁路混凝土结构耐久性设计规范》（TB 10005—2010）

[15]《无缝线路铺设及养护维修方法》（TB/T 2098—2007）

[16]《地铁杂线电流腐蚀防护技术规程》（GJJ 49）

[17]《钢轨焊接》（TB/T 1632—2014）

[18]《市政工程施工组织设计规范》（GB/T 50903—2013）

[19]《城市轨道交通直流牵引供电系统》（GB/T 10411—2005）

[20]《轨道交通 地面装置 第 2 部分：直流牵引系统杂散电流防护措施》
（GB/T 28026.2—2011）